SER TERAPEUTA

Dados Internacionais de Catalogação na Publicação (CIP)
(Câmara Brasileira do Livro, SP, Brasil)

Ser terapeuta : depoimentos / Ieda Porchat, Paulo Barros (organizadores). – 5. ed. rev. – São Paulo : Summus, 2006. – (Novas buscas em psicoterapia; v. 26)

ISBN 85-323-0322-6

1. Psicoterapia   2. Psicoterapia – Prática   3. Psicoterapia como profissão   I. Porchat, Ieda.   II. Barros, Paulo.   III. Série.

CDD-616.8914
06-6579   NLM-WM 420

Índice para catálogo sistemático:

1. Prática psicoterapêutica : Medicina   616.8914

Compre em lugar de fotocopiar.
Cada real que você dá por um livro recompensa seus autores
e os convida a produzir mais sobre o tema;
incentiva seus editores a encomendar, traduzir e publicar
outras obras sobre o assunto;
e paga aos livreiros por estocar e levar até você livros
para a sua informação e o seu entretenimento.
Cada real que você dá pela fotocópia não autorizada de um livro
financia o crime
e ajuda a matar a produção intelectual de seu país.

SER TERAPEUTA

DEPOIMENTOS

Ieda Porchat . Paulo Barros
(ORGANIZADORES)

summus
editorial

SER TERAPEUTA
Depoimentos
Copyright © 1985, 2006 by autores
Direitos desta edição reservados por Summus Editorial

Editora executiva: **Soraia Bini Cury**
Assistente de produção: **Claudia Agnelli**
Foto da capa: **Diego Rinaldi**
Editoração eletrônica e *layout* da capa: **Sidnei Simonelli**
Fotolitos: **Casa de Tipos**

1ª reimpressão, 2021

Summus Editorial
Departamento editorial:
Rua Itapicuru, 613 – 7º andar
05006-000 – São Paulo – SP
Fone: (11) 3872-3322
http://www.summus.com.br
e-mail: summus@summus.com.br

Atendimento ao consumidor:
Summus Editorial
Fone: (11) 3865-9890

Vendas por atacado:
Fone: (11) 3873-8638
e-mail: vendas@summus.com.br

Impresso no Brasil

Sumário

7 . *Breve nota para esta edição* – Paulo Barros

9 . *À guisa de introdução* – Paulo Barros

13 . *Nosso intento* – Ieda Porchat

DEPOIMENTOS

17 . Abel Marcos Guedes (Gestalt-terapeuta)

33 . Anna Verônica Mautner (terapeuta não-alinhada)

47 . Denise Ramos (analista junguiana)

61 . Elias Rocha Barros (psicanalista)

83 . Ieda Porchat (terapeuta não-alinhada)

99 . Leon Bonaventure (analista junguiano)

117 . Odilon de Mello Franco (psicanalista)

139 . Paulo Barros (terapeuta não-alinhado)

153 . *Nota final* – Paulo Barros

Breve nota para esta edição

Neste ano de 2006, *Ser terapeuta* completa vinte e um anos de sua primeira publicação. Durante todos esses anos vem sendo adotado por professores de várias faculdades de Psicologia como livro-texto para alunos de últimos anos, nas cadeiras que visam à formação clínica de psicólogos. Existem razões consistentes para essa preferência. A primeira é que os alunos têm grande interesse em saber como se sentem os psicoterapeutas ao exercer sua atividade no dia-a-dia.

A segunda razão está na riqueza das discussões de questões clínicas que estes depoimentos suscitam em sala de aula. Este livro também desperta bastante interesse por parte de pessoas que se encontram em processo de psicoterapia, como fonte de informações para satisfazer a curiosidade legítima que sentem a respeito do processo que estão vivendo, tal como é vivido pelo terapeuta. Pessoas que desejem procurar esse tipo de tratamento também se interessam pela sua leitura. A variedade dos depoimentos fornece elementos que ajudam na eventual escolha da abordagem de sua preferência.

Os profissionais que deram os depoimentos certamente teriam coisas a acrescentar ou modificar nos seus relatos, uma vez que não só a passagem do tempo e a maturidade, mas também o exercício cotidiano da psicoterapia nos modificam profundamente. Não é o caso de modificar seus depoimentos originais, e sim de lançar o desafio para a realização de novos livros que venham a tratar do mesmo assunto. Ieda e eu certamente também nos modificamos muito com a passagem do tempo. Seríamos entrevistadores bastante diferentes. Ao relermos o livro e conversarmos sobre esta nota para a presente edição, chegamos a cogitar de uma nova série de entrevistas sobre o mesmo tema. Saudosismos, com certeza, dos velhos tempos. Mas também a permanência da convicção profunda da importância e atualidade destas questões.

Paulo Barros

À guisa de introdução

Aqui também se faz filosofia, teria dito o filósofo em resposta ao olhar de desapontamento acadêmico de seus discípulos, ao vê-lo na cozinha. E fossem as biografias intelectuais mais pormenorizadas a respeito de como e onde germinaram as questões a quem as trouxe à luz, e nos surpreenderíamos com a freqüência com que questões brotam na cozinha. E poderíamos entender o filósofo.

E desde sempre, até algumas décadas atrás, quase todas as crianças tinham a oportunidade de acordar na madrugada ainda escura, ir até a cozinha e puxar um dedo de prosa com o mais velho, geralmente silencioso, que costumava ser o primeiro a acordar para acender o fogo e fazer o café. Se tivessem sorte, assistiriam desde o início ao ritual do fogo.

A dança das chamas, bailando no silêncio, produz coceira no órgão cismático do homem, que, como bem o sabe a sabedoria popular e melhor o ignora a anatomia oficial, fica atrás da orelha. Se assim não fosse, ninguém andaria com a pulga atrás da orelha. Acrescente-se que este é um órgão migratório. Daí a dificuldade da anatomia oficial. Na criança freqüentemente o órgão cismático desloca-se para a ponta da língua. Quem de nós ainda não presenciou uma crise de incontinência interrogativa? Bem como não há humana criatura de boa memória que não se lembre das vezes sem conta em que quase ultrapassou sua condição de membro da espécie deca-artelho a que pertencemos, tal a quantidade de curiosidades acumulada na ponta dos dedos. Com que sofreguidão não se abrem embrulhos, cartas, presentes, gavetas, zíperes e que tais! Conseqüências elementares do caráter migratório do órgão cismático.

Demonstrada a propriedade migratória, é preciso que se retome o problema da localização original de tal órgão cismático. Não restam dúvidas, exceção feita àqueles que sofrem de disfunção cismática, de que embriologicamente é em algum ponto atrás das orelhas que este órgão tem suas origens. E seu ponto de retorno após cada incursão deambulatória lúdica também se situa em algum lugar posterior ao plano mediovertical que divide o homem em duas faces, a frontal e a costal. O órgão cismático é eminentemente costal, pois ninguém duvida do que tem à sua frente. Ninguém questiona o óbvio. A menos que recupere sua curiosidade infantil, ou volte ao pé do fogo, perto do mais velho silencioso que acende o fogo e a aurora e prepara o café e o dia.

Os parágrafos precedentes se destinam aos discípulos do filósofo e a toda e qualquer pessoa (aqui incluídos os psicoterapeutas) que pensa que a filosofia e toda questão do conhecimento é um assunto apenas e tão-somente sério.

Em nossa clínica temos uma cozinha. E é para lá que acorremos a cada intervalo, quando saímos de uma sessão de atendimento necessitados de acolhimento, de um café quente ou do burburinho de um punhado de risos para nos refazermos. E é desta cozinha, contraponto e entrelinhas do nosso ser terapeutas, que brotou a questão deste livro: o que é ser terapeuta. Lá compartilhamos os terapeutas que somos. E lá aprendemos a ver, uns nos outros, pelas cores e intensidade das chamas, pela densidade e odores das fumaças, a que tarefa espargírica cada qual esteve se dedicando.

Fazer psicoterapia é trabalhar com intimidades. E ser terapeuta é buscar em si o desprendimento necessário para se fazer testemunha solidária do que de mais íntimo as pessoas trazem consigo. E desta forma catalisar o encontro e a autenticação do si mesmo que existe em cada ser. Autenticidade existente e constituída em ser si mesmo. E no entanto dependente da alteridade. Porque social. Porque revelado a si mesmo pelo testemunho solidário. E no entanto independente porque outro. Diferente, não idêntico. E no entanto solidário. Sendo testemunhar e abrir intimidades fatores essenciais ao ritual da psicoterapia, nos pareceu útil a exposição da intimidade deste ritual tal qual vivido pelo lado do psicoterapeuta. É nosso desejo que possa ser de valor para as pessoas envolvidas com a psicoterapia na qualidade de terapeuta, de cliente ou mesmo de aspirante a qualquer um dos dois papéis.

Paulo Barros

Nosso intento

Este livro foi fundamentalmente concebido para aspirantes a psicoterapeutas. Achamos, Paulo e eu, a partir de nossas experiências, que uma lacuna precisava ser preenchida. Há muita informação sobre as diversas linhas terapêuticas, há muitas oportunidades de formação; os que começam a dedicar-se a essa profissão cuidam de sua formação teórica, cuidam de seu desenvolvimento pessoal. Carecem, no entanto, de saber antecipadamente, com que tipos de vivências pessoais internas vão se defrontar no decorrer de seu trabalho como psicoterapeutas. Este livro caminha nessa direção: busca aclarar aspectos dessa profissão que não fazem parte do conhecimento oferecido na fase precursora de formação e sobre os quais muito pouco se tem falado publicamente.

Ser psicoterapeuta é ser sigilo, inviolabilidade, senão de fatos, ao menos de emoções. É conter muitos Outros em si e permanecer com tudo isso em solidão. Não há supervisão ou troca de idéias com colegas que resolva ou elimine a "marca" do paciente no terapeuta. É em grande parte sobre essa marca e sobre a forma como a ela os terapeutas reagem que se fala neste livro.

Julgamos que a melhor forma de colher essas vivências seria o diálogo vivo ou entrevistas. Essas entrevistas, feitas por mim e Paulo, seguiram um esquema geral comum de perguntas, mas não nos ativemos rigidamente a ele; na realidade foram as mobilizações suscitadas em nós pelas respostas de nossos entrevistados o nosso verdadeiro fio condutor. Foi uma experiência rica e fascinante sentir em Outro o que é, sob a mesma ou diferente forma, igualmente primordial para nós.

Agradecemos aos psicoterapeutas entrevistados a disponibilidade que tiveram para partilhar deste projeto.

Ieda Porchat

DEPOIMENTOS

Abel Marcos Guedes

Paulo: Eu e a Ieda estamos querendo saber o que é ser terapeuta, não por meio de uma definição teórica do que seja um terapeuta, ou de uma conceituação de acordo com as diversas abordagens, mas, efetivamente, o que é ser terapeuta, quer dizer, o que é na vida de cada uma das pessoas ser terapeuta. Então, eu queria que você falasse um pouco de como é ser terapeuta. O que é, para você, ser terapeuta?

Abel: Para mim, é recente a descoberta que ser terapeuta é um privilégio. Privilégio em diferentes sentidos. Primeiro: as pessoas me procuram e compartilham comigo o que elas possuem de mais precioso e raro: suas experiências, dúvidas, contradições, segredos, enfim, suas criações de beleza e horror. Segundo: eu admirava, com boa dose de inveja, os artistas que vivem de sua arte, até perceber que esta é a minha realidade e que minha arte é "tocar" as pessoas. "Tocar" pela palavra, gesto, afeto, expressão, olhar, movimentos etc., nos seus pontos sensíveis, adormecidos, cristalizados, encantados. Eu consigo "tocar" quando fui ou estou sendo tocado por essa mesma pessoa. Terceiro: o privilégio de viver a minha ignorância, perplexidade, fascínio e curiosidade junto do ser humano. É freqüente o comentário de pessoas e clientes de que deve ser difícil passar o dia ouvindo problemas. Eu ouço problemas e, mais do que isso, eu acompanho, observo, presto atenção em obras de arte. Obras únicas, vivas, em mudança, lutando com suas raridades, originalidades. Isto de ficar cansado e cheio de ouvir problemas só acontece quando não consigo me afinar com a pessoa e, para aliviar minha angústia e incapacidade, reduzo essa pessoa a um "caso" ou "quadro psicológico". Quando isto acontece, fico procurando explicações teóricas para manipular essa pessoa e apresentar serviço. Quando, em vez de concerto, quero fazer um conserto.

É um trabalho rico, sempre novo, surpreendente, variando das freqüentes frustrações, aos raros momentos de realização, de trabalho completo e bom. Muitas vezes me percebo extremamente pretensioso, quando perco minha condição de "tocador" e quero ser "resolvedor" dos dramas e problemas de meus clientes. Outras, um menino curioso, atento e crédulo, ouvindo histórias, "causos" contados pelo personagem principal.

Ser terapeuta é ser um aproveitador. É aproveitar o "lixo", os restos, as partes abandonadas, a desgraça do cliente e, é claro, o que ele tem de bom e sadio, para com ele criar e recriar comportamentos, descobrir possibilidades, novos arranjos de si mesmo. É participar do trabalho de significar e ressignificar a identidade de uma pessoa.

É ser como os artistas que foram descobrir a beleza do lixo, da sucata, dos esgotos e usaram coisas velhas e abandonadas para criar esculturas. Esculturas de formas e movimentos significativos, marcantes e difíceis de ser identificados com o que habitualmente se chama de belo. É participar da vida das pessoas de uma maneira especial, é ser pago para isso, para "meter o bedelho" na vida dos outros.

Paulo: Agora você me puxou para outro lado, escuta, em nome de quê? O que lhe dá o direito de "meter o bedelho" e ainda ser pago para isso? *(Risos)*

Abel: Estou me lembrando que na faculdade tínhamos uma brincadeira. Dizíamos que junto com o diploma receberíamos uma bola de cristal. O estereótipo de que psicólogo, ou os psi, é aquele que sabe dos caminhos, tem as respostas, tipo "Freud explica".

É um estereótipo e um desejo, ambos verdadeiros e impossíveis. Acho que somos responsáveis por isso quando damos explicações disso ou daquilo, damos "receitas", como se fossem verdades acabadas. Esquecemos de avisar que estamos falando é de uma entre muitas possibilidades. É baseado em uma teoria e que existem n outras.

Eu não sei em nome do quê, de quê... E nem o que me dá o direito de... Montei o consultório e saí por aí dando aulas e falando do meu trabalho e as pessoas foram chegando. Os amigos e os colegas encaminhando e depois os próprios clientes mandando outros. Em nome do quê, eu não sei. *(Risos)*

Eu acho que somos os descendentes modificados, ou melhor, adequados à nossa época, dos feiticeiros, bruxos, curandeiros e conselheiros. Perdemos uma porção das habilidades dos nossos antepassados e ganhamos outras, próprias para esse tempo tecnológico.

Acredito que o desenvolvimento tecnológico, das máquinas agrícolas ao computador, dos meios de transporte e comunicação às viagens ao espaço e, principalmente, a presença da bomba, obrigou o homem a se questionar mais, a buscar o seu significado.

O homem inventa, cria máquinas à sua "imagem e semelhança" e depois passa a competir com essas máquinas. Industrializou o que era artesanal e quer também ser um produto industrializado, editado em série.

O homem cria, cria coisas, por exemplo, a bomba, e essa criação traz consigo novos obstáculos para o homem. E, então, ele tem de criar "defesas" para e contra sua criação. Exemplo: abrigos antibombas, movimentos pacifistas, acordos anti...

E a terapia é uma tentativa do próprio homem para se harmonizar, se integrar e melhor aproveitar essas invenções. Para preservar e garantir a sua humanidade, sua condição de ser único, original.

Acredito que nesse caos em que vivemos existe uma harmonia geral, um movimento de toda a humanidade, do qual fazemos parte e participamos, alterando e sendo alterados, assim como existe o movimento pessoal e a pessoa busca uma harmonia nos seus movimentos. Mesmo quando ela faz movimentos aparentemente errados ou inadequados, está buscando seu ponto de equilíbrio. E nesta busca vão aparecendo movimentos, funções, necessidades e, é óbvio, problemas e dificuldades novas.

Paulo: Por exemplo, seguindo a linha do que você está dizendo, você acredita que a terapia é uma busca para resgatar, trazer de volta a possibilidade de intimidade, de contato entre as pessoas?

Abel: Eu não vejo como resgate, no sentido de trazer de volta ou de ser como era; acho mais que é uma busca de criação e recriação de maneiras e comportamentos, de um tipo de intimidade que seja integrada na realidade em que vivemos. Considerando essa realidade como de extrema proximidade, esse ritmo, esse excesso de oferta, de estimulação, de possibilidades. Tudo isto interferindo, fazendo parte na relação entre as pessoas, na sua intimidade.

Paulo: Era por aí que eu estava querendo seguir. Por que a intimidade aí adquire importância e significado? Seja para resgatar, ou na linha do que você estava falando, de integração de novas formas de intimidade no contato humano. Por que procurar isto, desenvolver, cultivar este tipo de coisa? O que há aí?

Abel: Paulo, sua pergunta me traz dois pontos: um, a necessidade de experimentar; dois: o "comprar pronto" e os dois estão ligados.

Há algum tempo, descobri com os alunos o que chamei de "geração supermercado". A exigência de encontrar tudo pronto. O não saber fazer nem esperar. Agora, acho que não é característica de uma geração, e sim do nosso tempo. Nós, e imagino isto mais evidente nas grandes cidades, estamos perdendo a noção do processo, do fazer, do preparar, do cuidar, do esperar. Do brinquedo ao velório tudo se encomenda, se paga para ser feito por especialistas. É o exigir tudo pronto e já.

Inclusive a pessoa, e da pessoa se exige já estar pronta, ser bem-sucedida, acertar sempre, saber sem experimentar, saber sem aprender. Isso favorece o contato de papéis, de imagens, de atividades, dos modelos prontos.

Falta hora e lugar para o contato mais solto, à vontade, direto, espontâneo, para se experimentar, para fazer aquilo que se faz inadequadamente, sem graça, que ainda não se aprendeu. Para desenvolver aspectos atrofiados e/ou pouco explorados. Para falar do e fazer feio. Para ser ridículo.

Eu acho que estas coisas, além de outras, é claro, estão empurrando as pessoas para a terapia. Lugar e momento para ela se apresentar, reapresentar e, principalmente, se experimentar junto com o outro ou outros. Experimentar ser o que é, o que tem medo e desejo de ser, como se é num momento de intimidade, de entrega, além das conseqüências, da aceitação e rejeição de si.

O ser humano está num contínuo processo de mudança. Tudo muda a todo instante. O trabalho visa a aumentar a flexibilidade das pessoas para que elas possam acompanhar-se nessa mudança. Cada vez que eu percebo, identifico, realizo, conscientizo como eu sou, descubro que já não sou mais e que sou muito mais que isso.

É isso mesmo, estou cada vez mais entendendo o pedido de "quero me conhecer mais" como "quero melhorar minha qualidade de estar com o outro, comigo, no mundo".

Portanto, venho me interessando e investindo cada vez mais no trabalho em grupo. É mais abrangente, amplia a chance do experimentar-se, de uma reorganização no estar junto, de treinar o perceber a si e ao outro, de descobrir diferenças e identidades. E, para mim, aumenta a possibilidade de participar numa mudança social, quando posso trabalhar com mais pessoas. Que cara é essa?

Paulo: Minha dúvida é a seguinte: estou vendo mais ou menos que você está colocando as coisas mais na linha do desenvolvimento, da ampliação. Mesmo quando você fala em participação na transformação social, você fala na ampliação, no desenvolvimento de novas formas. Quando eu perguntei se era resgatar a intimidade, você disse que não era bem resgatar, era criação de novas formas e eu estava, então, notando que você se dirige mais para a ampliação. Quero saber o que você pensa sobre o aspecto problemático, não propriamente a ampliação, mas a resolução da dificuldade.

Abel: Eu estou na ampliação porque uma das coisas que me orientam é que o ser humano vive em constante transformação, ele tem um problema quando se interrompe de alguma maneira. Ele é um problema quando é sempre igual, quando não consegue ser diferente, mudar.

Uma das dicas de que a pessoa está se interrompendo é que ela percebe o problema e se agarra a duas opções. E, na maioria das vezes, as duas são apavorantes, são radicais, tipo: ou me separo ou me castro. As duas opções são extremadas, definitivas, incompatíveis. Com qualquer uma a pessoa vai se ferir muito e perder muitas outras coisas.

O trabalho, para mim, não é no sentido de decidir, de optar por uma ou outra, ou do maldito assumir, como está vulgarizado, e sim do ampliar, do buscar possibilidades. Explorar e perceber o que existe entre, em volta e atrás destes dois extremos. O que eu chamo de busca do *dégradé*, de uma escala. O trabalho é reorientar a energia (que, na maioria das vezes, é enorme e que a pessoa usa para se paralisar ou para se manter como é, evitando as mudanças), explorar seu potencial, sua realidade. É um trabalho difícil e doloroso. Cheio de armadilhas, tentações, de saídas fáceis e mágicas para o cliente e o terapeuta.

Paulo: Tudo bem. Eu tenho uma trilhazinha que foi se configurando também, enquanto você falava o que é. Você, em alguns momentos lá atrás, estava dizendo, por exemplo, a certa altura, a história da "bola de cristal", era uma brincadeira de escola e depois mais para a frente você pensou que a terapia ocuparia um espaço, um lugar, uma função que antes era executada pelos feiticeiros, por padres. E aí então você foi dando, inadvertidamente, *flashes* de momentos em que a coisa se configurava desta ou daquela forma. Eu queria que você contasse um pouquinho mais a história de como foi o seu caminho. Entendeu? Você insinuou isto por meio de *flashes* em dois momentos, de metáforas para entender a terapia, este tipo de coisa que fazemos. Mas como é que foi o seu caminho em termos de ir se tornando um terapeuta?

Abel: Está aí uma pergunta difícil, ou melhor, uma resposta difícil e longa. Às vezes, penso que desde criança venho me preparando; outras, que foi acidente ou circunstancial.

O marco inicial oficial *(risos)* foi um *workshop* que fiz com a Ieda, em 1971. Foi uma experiência marcante e reveladora. Encontrei nela a pessoa que trabalha inteira e era isso que eu precisava e queria aprender.

O ir me tornando o que sou foi, principalmente, feito por encontros, encontros com pessoas certas, na hora exata. Ieda, Guto, você, Matilde, dona Cida, Sr. Floriano, a mulher do vórtex, Anna Verônica, Bob Martin, Therese, Lilian, Jean, meus filhos, os amigos, Raul Cortês, Cleide Yaconis, Jean Genet, Sartre (os quinze anos), Palma e Marcos Rey, Wilma, o pessoal do Ceará... E meus clientes.

Até aquele *workshop* eu fazia Psicologia para ser professor, numa tentativa de encontrar resposta para meus fracassos e contradições como aluno de ginásio. Queria descobrir um jeito diferente de ensinar. Um jeito onde aluno e professor não precisassem ser absurdamente diferentes, dentro e fora da sala de aula. Reorganizei, então, minha vontade de ensinar e aprender. A terapia era a síntese. Eu não queria ensinar alguma coisa já pronta, transmitir ou reproduzir conhecimento, queria desenvolver o descobrir, o encontrar caminhos próprios.

Dois anos depois deste trabalho, iniciei minha terapia. E aí mudei, mudei minha relação com tudo e com todos. Virei pelo avesso e continuei o mesmo. As minhas terapias, ou melhor, os encontros e desencontros com cada um dos terapeutas, até agora foram três fixos, mais ou menos dois anos com cada um, são os pontos e bases mais fortes para mim, neste ser terapeuta.

Além dos terapeutas fixos, com quem fiz trabalhos semanais, existiram os terapeutas de *workshops*. Foram vários e o mais significativo foi Bob Martin, ou melhor, foi o *workshop*, de quinze dias, com onze pessoas ideais para aquele momento de vida, coordenado por ele. Foi um trabalho maravilhoso, onde e quando ganhei de presente minha graça e sem-vergonhice no trabalho, entre muitas outras coisas e pessoas.

Ter feito o curso de Psicologia em Mogi das Cruzes foi outro marco. Fui da 2ª turma (70/74) de um curso novo que foi sendo feito e refeito pelos alunos, com professores novos, interessados e lutando juntos para fazer o nome da faculdade. E em todo o esforço feito, foi cada um oferecendo o melhor de si. Pude ser monitor em diferentes cadeiras e, em especial, estudar muito behaviorismo. Viajei três horas por dia durante cinco anos com colegas e amigos queridos. Fiz meu curso à noite e isso teve uma importância especial, pois a grande maioria trabalhava durante o dia e tinha um alto grau de exigência pela qualidade do curso.

É emocionante falar nisto. Dá saudade e muito carinho pelos colegas e professores.

No quinto ano, era monitor de TTP, e fiz um ano de grupo de estudo com o Guto. Foi outra grande influência, aprendi o que era estudar junto, explorar um texto por muitos ângulos, soltar a cabeça, tudo isto com muita graça e alegria. E, principalmente, perdi o medo da loucura e da neurose.

Além desse grupo, existia nossa viagem semanal a Mogi, você, Guto, Alfredo e eu. Era o início desta maravilha que é nossa cozinha aqui no consultório. O papo solto, onde tudo é possível, do maior problema teórico à mais simples brincadeira. Este estar junto, gostando e sendo gostado, cabendo todas as diferenças, essa anarquia que aprendi na prática para depois dar o nome.

Bem, Paulo, aí aparece você. Você me apresentando a Gestalt-terapia. Você me revelando o caminho profissional, dando de presente com trabalho junto e tudo mais. De você a influência é tanta que cheguei até a ter "jeitão de Paulo" durante algum tempo.

Pela Gestalt aparecem mais pessoas importantes e, em especial, Therese, Lilian e Jean, as pessoas com quem fui desenvolver o trabalho iniciado com você. As três co-terapeutas. Com elas tenho a oportunidade de trabalhar junto, de estar acompanhado nas mudanças e no experimentar. Com elas mudei de Gestalt-terapia para abordagem gestáltica.

Hoje, reconheço algumas influências importantes neste ser terapeuta, que não tinham essa intenção. Dona Cida, Sr. Floriano, Marcos e Palma, os amigos. Gente com quem eu conversei muito. E neste conversar – fazer versos com – identifico uma entrega e não pretensão de manipulação ou controle do outro.

Há uma experiência recente que foi ótima. Quando comecei a ler Gestalt-terapia ficava intrigado, pois tinha a impressão de já saber aquilo, me era familiar, já experimentado. A experiência de encontrar escrito algo que eu já havia pensado. E, mesmo trabalhando, fazia coisas que me surpreendiam, parecia que "baixava o santo" por um lado e, por outro, sentia que eu já havia vivido aquilo. Encontrei a resposta quando fui reler *A preparação do ator* de Stanislavsky; está tudo lá. Até os 18 anos eu pretendia ser ator, e experimentei muito. Hoje reconheço todo esse treino como base do meu trabalho.

Uma vez, conversando com Marcos e Palma, eram meus aliados nesta busca de palco, Marcos me disse que me via mais como diretor que ator. Qualquer coisa tipo: você é melhor explorando as pessoas. Explorando, no sentido de levar a pessoa a dar tudo de si numa situação.

É! Ser terapeuta é ser explorador de potencial. Este treinador, flexibilizador de atores que vivem diferentes personagens e não aqueles que fazem só determinado tipo de papel.

Formei-me na época do *boom* das escolas de Psicologia. Cheguei a ser um professor-viajante; dava aulas em Mogi, Guarulhos, São Caetano e Santo André. Esta oportunidade me possibilitou estudar muito, e na época minha expectativa era que demoraria muito para ser um terapeuta em tempo integral ou para poder viver de consultório. E tudo foi muito rápido.

O fascínio da minha experiência como cliente e o começar a atender foram acontecendo juntos. Aprendendo a me entregar e despojar cada vez mais. Quanto mais eu sabia o que fazer, tinha as coisas prontas, mais atrapalhado fui ficando. E quanto mais interessado e atento, mais tinha chances com os clientes.

Continuo me treinando neste estar atento, nesse acompanhar. E percebo que todo estudo, as teorias, minha história etc., tanto servem para interferir como ruídos ou como suporte e referencial.

E do que gosto mesmo é de acompanhar pessoas nas suas descobertas, nas suas criações. Existem alguns dias em que me sinto como um artista que participou de vários espetáculos, espetáculos efêmeros e marcantes. Isto acontece muito nos *workshops*; o trabalho costuma ser intenso, forte, dominado por um clima de entrega, quase outra dimensão, outra realidade. Nos primeiros que eu fiz havia um choque de passagens. As situações me pareciam muito distantes, aquela do *workshop* e a do cotidiano. Era fascinante na linha de poder e muito desagradável pela impressão de irreal, de não fazer parte do dia-a-dia. Isto me preocupou, me apavorou mesmo, no sentido de estar fazendo, de estar desenvolvendo, propiciando uma situação artificial, um trabalho não integrador e sim alienador. De me perguntar muito, até que ponto, inclusive a terapia, também não é alienação, um momento de fuga do cotidiano.

Hoje esta preocupação ainda existe, e cuido de deixar claro que são situações especiais, onde se tem um pouco de controle das interferências e que são diferentes do nosso cotidiano, onde as variáveis são mais ricas, diversas. São momentos que servem como experiência, para se integrar melhor no cotidiano, após tê-los vividos.

Paulo: Deixa eu retomar lá do começo deste parágrafo, que eu estou achando interessante. Você estava falando, você falou que queria ser professor, e a certa altura teve uma experiência marcante num *workshop*, isto abriu a possibilidade do trabalho terapêutico. Naquela altura você, como cliente, experimentou uma série de coisas, de transformações, de mudanças, de reconhecimento de você e aí, então, abriu-se o campo da terapia para você como terapeuta, e aí você passou a falar de seu trabalho com os clientes. Você acha, Abel, eu estava outro dia pensando, e tem uma parte da minha entrevista em que a coisa vai um pouco nessa direção: os clientes me obrigaram a resolver determinados problemas meus, porque eu queria ser terapeuta. Isto era muito importante para mim e muitas coisas minhas foram amadurecidas, fui obrigado a amadurecer e a resolver, transformar coisas minhas no contato com o cliente. Então, você pensa que o contato com os clientes seja a continuidade da nossa terapia, neste sentido? Eu queria saber mais especificamente, já que você falou várias vezes no privilégio de estar acompanhando uma descoberta, uma criação, várias, por exemplo, num dia fértil e eu queria saber duas coisas, caminhar um pouquinho para isto aí, de um ou de outro jeito. Primeiramente, se você localiza alguma experiência marcante no sentido de que você foi obrigado a resolver alguma coisa sua para ser terapeuta ou, segundo, se alguma coisa sua foi resolvida, criada, recriada enquanto se estava tendo como foco a recriação, a descoberta, a criação de alguma coisa do cliente. Você tem algum exemplo marcante ou de que você se lembre neste sentido?

Abel: Não me recordo agora de nenhuma situação específica. Sei que é isto que experimento com freqüência, sou levado para caminhos, emoções, indagações, dúvidas que eu preferiria deixar de lado, não mexer agora ou de que nem mesmo me havia dado conta. Este trabalho me faz ficar mais atento, mais afinado no viver.

Cada cliente me toca em pontos e de maneiras diferentes. E é claro que muito do que eu faço e falo é possibilitado pelo "toque" da pessoa que está comigo; costumo dizer que sou fecundado pelos meus clientes.

Estou me recordando, não de um cliente específico, mas de uma experiência que foi importante. Eu viajava para Montevidéu, onde faria um *workshop*, e me lamentava por estar há muito querendo ir trabalhar em Fortaleza e não conseguir. Pensava que, quanto mais para o norte estava minha vontade, mais para o sul eu estava indo. Chegando em Montevidéu fomos até uma praça, onde senti um forte cheiro de eucalipto. "É um cheiro de boas-vindas, próprio daqui", pensei. Nesse momento olho em outra direção e vejo o mar, realizo que é o mesmo mar. Isto me emociona, venta e sinto um forte cheiro de maresia, era o mesmo cheiro do Ceará. A emoção foi incrível e percebi que estava procurando, precisando, uma emoção e não um lugar. Foi um momento especial, tomei posse do lugar onde estava, pude chegar e me sentir inteiro lá.

Quero muito lembrar de uma experiência específica e me recordo, também em geral, da minha primeira cliente e do comentário de estar em dúvida se a sessão foi boa para a cliente e ter certeza de que foi ótima para o terapeuta.

Comecei a atendê-la na faculdade e trabalhamos juntos três anos. Foi com certeza a pessoa que me ensinou a ser terapeuta, a respeitar o ritmo do outro e ter presente que meu cliente sabe de si melhor que qualquer pessoa. Ela "quebrou a minha crista", me iniciou na descoberta da humildade e ignorância. O não saber, o ser ignorante como condição para ser aprendiz.

Quando comecei a trabalhar, exigia saber e fazia aquela cara e pose de "tudo bem", recebia tudo sem espanto, com uma falsa naturalidade, confundia naturalidade com indiferença. Hoje vibro, me espanto, me emociono, brigo, discordo, não entendo, não aceito e estou aprendendo que é uma relação como muitas outras, simples.

Paulo, é muito freqüente eu não me lembrar dos meus clientes ou de suas histórias fora da situação e ter uma memória ampla com eles na sessão. Chego a me lembrar de detalhes que a própria pessoa esqueceu.

Uma pessoa trabalhou comigo dois meses e depois viajou. Depois de cinco anos, ela voltou a me procurar e eu me recordei de sonhos e comentários feitos por ela naquela ocasião.

Paulo: Eu não vejo o mínimo sentido em você continuar procurando coisas específicas se você está dando exatamente as coisas que eu estava querendo de um outro jeito e está acontecendo um pouco daquilo que você estava falando a respeito da sua viagem, aqui não é Fortaleza, como isto não é uma coisa específica. Você está me dando muita coisa do que eu tinha perguntado, sem estar dando nada de específico. Enquanto você estava falando, me ocorreu outra coisa. Você estava usando uma imagem ou falando, usando uma palavra que estava ressoando: que eu gosto de acompanhante, de ser acompanhante, que ser terapeuta é acompanhar. E aí, então, a pergunta é mais ou menos esta: se o que a gente tira do trabalho da gente como terapeuta acaba não sendo isto, a possibilidade de acompanhar. Este estado em que a gente se põe, se coloca, que cultiva dentro da sessão, se tornando acompanhante, onde as coisas podem acontecer, podem ser vividas de uma forma acompanhada; e estava pensando se este não seria o maior benefício que a gente obtém deste tipo de trabalho; de cultivar este tipo de coisa, da possibilidade exatamente de aprender a acompanhar a si próprio, as próprias coisas, e resgatar; a buscar de volta, a remodelar, a remodificar desenvolvendo esta entidade ou este modo de estar, onde a gente é acompanhante.

Abel: Você estava falando em ser acompanhante, eu me lembro do primeiro *workshop* que fiz em Montevidéu, foi um marco. O problema da língua, que a princípio me parecia um impedimento, foi um dos grandes facilitadores. Eu falava português e eles castelhano. Me possibilitou ficar mais atento ao que as pessoas diziam e como estavam dizendo e não me perder nas palavras. O nível de compreensão e afinação no trabalho foi surpreendente para nós. Parecia até mágico. Ao final do *workshop*, as pessoas agradeceram e me deram três imagens que fizeram de mim durante os trabalhos, que recebi como presentes.

Uma das pessoas me chamou de judoca, dizendo que eu aproveitava a energia disponível, que eu usava a energia como impedimento para iniciar o movimento de mudança. Outra disse que eu parecia o Sidarta, como barqueiro, e tinha muito de estar transportando a pessoa numa viagem, e estar oferecendo o que eu tinha, sem exigir que ela aceitasse. A terceira foi do mestre do mocinho, no filme *Guerra nas estrelas*, um baixinho por quem, a princípio, ninguém dá nada, que acompanha, presta atenção e espera com paciência, até o outro pedir ajuda e querer recebê-la. Sentindo-se comprometido, vivo, interessado e tendo muito claro que o caminho e as escolhas são do outro.

Às vezes, é difícil agüentar a ansiedade, ter presente que é a vida do outro e que eu sou apenas um acompanhante; principalmente quando é uma experiência muito próxima da minha. Corro o risco de "meter o bedelho", não no sentido de acompanhar, mas de pretender ensinar atalhos, o que eu fiz ou faria. Para mim há uma diferença aí. Às vezes, eu simplesmente conto minhas experiências, outras quero ensinar, e aí impeço o outro de descobrir e a mim de aprender algo que eu não tinha chance nem condição de saber.

Eu me perdi um pouco agora e fugi do que você tinha falado, não?

Paulo: Não, você estava falando a respeito de ser acompanhante. E aí você foi descendo para o que era "meter o bedelho", ou querer ensinar, e o que era "meter o bedelho" como acompanhante. Você estava fazendo esta distinção.

Abel: Isto. O que é contar?! Muitas vezes eu conto a minha experiência e tenho claro para mim, e isso passa na minha atitude, na minha voz, na minha intenção, que eu estou só contando. E, às vezes, eu me perco quando tento enfiar no outro alguma experiência. E é uma coisa difícil de fazer; treinar mais esse contar e menos querer induzir ou querer...

Paulo: Forçar a fórceps! Abel, eu estou querendo ir na direção de fechar por hoje, e queria saber se você quer falar mais alguma coisa; se você está engatado em alguma coisa; ou, então, que você fale um pouco de como é que foi hoje, estar aqui batendo este papo, conversando sobre o que é ser terapeuta; depois queria falar um pouco sobre como é que foi para mim.

Abel: Para mim, antes de tudo, foi excitante. Excitante e bom falar. Não é alguma coisa que eu já consiga falar solto, ainda estou meio preso. O estar gravando e a vontade de que saia mais claro atrapalham um pouco. E há o bom particular de estar contando para você. A gente conversa muito, mas, às vezes, não dá para falar especificamente destas coisas. Atualizar um pouco com você como é que eu estou.

Paulo: Tudo bem. Para mim, teve dois momentos. Até certa altura, estava muito difícil, estava difícil ouvir você falar e a impressão era de estar enroscado, esse tipo de coisa assim, tanto em mim quanto em você não estava andando... Depois de certa altura, soltou tudo, estava muito fácil estar escutando, estar ouvindo, estava muito significativo, todas as coisas que você falava. Daí a sensação de ter falado coisas, de a gente ter conseguido colocar neste papo coisas que são realmente importantes a respeito do que é ser terapeuta, como é que se vive sendo terapeuta, qual é o caminho por onde acontecem as coisas na vida de um terapeuta, da pessoa que deseja ser terapeuta, que começa a ser terapeuta e se embrenha por essas brenhas; e algumas distinções importantes do que é terapia, o que é o sim, o que é o não, por exemplo, essa coisa última que você estava falando: discriminar o que é "meter o bedelho", de forma adequada, como acompanhante, e o que é "meter o bedelho", querendo inculcar alguma coisa na outra pessoa. Acho que a gente obteve uma série de imagens ou de metáforas, que é o que estávamos querendo fazer com estas entrevistas. Eu queria fechar. Você quer acrescentar alguma coisa?

Abel: Quero. Estou me lembrando dos meus filhos e da grande influência deles na minha compreensão do ensinar e aprender. Eles são excelentes mestres.

Paulo: Vamos deixar, então.

Anna Verônica Mautner

Ieda: Eu costumo começar a entrevista pedindo que o entrevistado conte por quais caminhos se tornou psicoterapeuta.

Anna: Desde o curso de Ciências Sociais, que fiz como curso de graduação, optei por especializar-me em Psicologia Social. Depois de formada, trabalhei com orientação educacional e desde 1965 comecei a fazer sensibilização e dinâmica de grupo. Como você vê, isto tudo começou há uns vinte anos.

Ieda: E por que você decidiu passar dessas diversas atividades semiterapêuticas, para terapia propriamente dita? O que levou você a fazer essa passagem?

Anna: Tudo não começou em 1965. Tudo começou em 1954 quando eu cursava o terceiro científico. Eu queria trabalhar com gente e, portanto, ia fazer Medicina. Na escola tinha um professor, Dante Moreira Leite, professor de Filosofia. Em vez de ensinar Filosofia propriamente dita, ele nos contava fantásticas histórias de como se aprendia. Macacos aprendiam coisas incríveis. De fato, hoje sei que Dante Moreira Leite ensinava os princípios da Gestalt. Eu já cursava o Cursinho Brigadeiro, que era um preparatório para Medicina, quando, fascinada por uma aula de Dante, eu o parei no corredor e perguntei onde se aprendia o que ele ensinava. Ele apontou o velho prédio cinza da rua Maria Antônia. "E o nome do curso?" E ele respondeu: "Pedagogia". Até hoje eu me pergunto por que não me mandou para Filosofia. Fui na Maria Antônia, me informei do cursinho para Pedagogia, larguei o Brigadeiro e pronto. Lá estava eu começando vida nova. A professora de Lógica, Maria de Penha Vila Lobos, achou que Pedagogia não era curso para mim e me reorientou para Ciências Sociais.

Ieda: Bom. É uma resposta bastante comprida, você ainda não acabou, mas é que no meio aí do seu relato eu já fiquei curiosa para lhe fazer outra pergunta. Você disse que essa coisa toda começou pelo seu interesse pelos homens. Bom, depois de tantos anos como terapeuta eu queria saber se o seu interesse permanece, se aquilo que lhe interessava nos homens você descobriu sendo terapeuta, no contato com eles.

Anna: Você quer saber se eu continuo interessada em gente. Continuo interessadíssima. Aliás, nada me distrai mais do que uma boa história de vida. Mas eu quero continuar a minha história de vida. Fiz Ciências Sociais como Maria da Penha mandou. Foi um erro. Devia ter feito Filosofia onde a metade do curso era de Psicologia. Naquele tempo ainda não existia o curso de Psicologia. Aprendi muita coisa sobre o social. Provavelmente sou uma terapeuta muito voltada para o social. Quanto mais o tempo passa, mais eu percebo quão profundamente as Ciências Sociais me marcaram. Contudo, o interesse pelo indivíduo sempre prevaleceu como um impulso pessoal, que nenhuma influência externa conseguiu transformar. De início queria ser médica, depois educadora. Meu sonho era trabalhar com recuperação de presidiárias. Depois eu queria orientar adolescentes. Durante o curso de Ciências Sociais fiquei muito politizada, mas na hora de escolher, manter as optativas, eu escolhi Psicologia e Educação. Naquele tempo, tempo áureo das Ciências Sociais, no quarto ano o aluno escolhia os temas de sua opção para especializar-se. Logo depois de formada fui trabalhar em escola, depois fui para Psicologia Social como pós-graduação e daí me encaminhei para Psicoterapia. Sou uma terapeuta, hoje, com profundas marcas sociológicas, muito vinculada a uma preocupação político-social e ao mesmo tempo um forte viés paramédico. Posso até entender e propiciar uma visão de crescimento, de desenvolvimento e de educação, mas sempre recaio numa problemática de cura. É como se eu tivesse ficado um pouquinho na Medicina, um pouquinho nas Ciências Sociais, um pouquinho na penitenciária recuperando as marginais. Continuando a história, durante a minha pós-graduação em Psicologia Social, Anita Castilho Cabral, então catedrática, me convidou para trabalhar na Universidade. Fiquei numa área interdisciplinar: Relações Humanas. Enquanto isso, fui me interessando por dinâmica de grupo. Fiz um estágio de um ano em Londres e na volta regularizei meu título de psicóloga no Ministério da Educação e decidi exercer as funções de psicóloga também em nível de consultório. O estágio de Londres era um projeto do departamento para desenvolver a área de Psicologia do Trabalho. O trabalho de grupo estava nesta época se misturando com técnicas de mobilização. Foi então que tive meu primeiro contato com Fritz Perls, com a bioenergética e também com a informática aplicada ao estudo dos grupos humanos. De volta da Inglaterra fui fazer especialização em Psicoterapia no Sedes Sapientiae e supervisão com o Gaiarsa. Com o Gaiarsa a gente lia o Reich e pensávamos na possibilidade de atuar sobre o psiquismo por meio de abordagem corporal, mas ainda não a fazíamos. Pensávamos o gesto, a postura, mas não tocávamos, nem interferíamos. Nesta época mantinha atividade docente, na USP, na GV e no Sedes e mais trabalho de consultório. Em 1975 fui para os Estados Unidos para entrar em contato com o Instituto de Bioenergética. Fiquei lá dois meses procurando aprender o máximo possível do que poderia ser uma psicoterapia corporal. Nesta mesma época outro colega, o Godói, foi para a Europa com o mesmo interesse e descobriu outras coisas. Na volta dele, que coincidiu com a minha, nos encontramos. Começamos a trabalhar, discutir, conversar e já no ano seguinte criávamos um curso introdutório de Abordagem Corporal e Gestalt no Sedes. A parte de Gestalt ficou com a Therese Tellegen e a Tessy. Nesta época era grande a curiosidade em torno de novas soluções em técnicas terapêuticas. Desde 1970, em São Paulo, o clima era de efervescência porque o Congresso de Psicodrama deixou escancaradas as janelas das novas possibilidades. Cabia a nós preenchê-las.

Ieda: Anna, voltando um pouquinho àquilo que você falou inicialmente de querer se relacionar com os homens e o seu desejo de recuperação, de ir para a prisão e recuperar, em termos da sua experiência como terapeuta no decorrer desses anos todos, como é que você percebe a realização deste desejo: ele permaneceu, ele foi ampliado? Enfim, como é que você lida com essa sua orientação corporal e esse desejo de recuperação, de cura, porque você disse que não se preocupa tanto em termos de desenvolvimento e de crescimento, mas tem um modelo médico atrás, então na sua prática como é que você se percebe como terapeuta com esse desejo e com essa orientação corporal?

Anna: A orientação corporal em si é apenas o emprego de uma técnica diferente. Mobilizava-se o corpo a fim de obter um campo mais amplo de material inconsciente. Hoje sim estou trabalhando com uma concepção diferente. O corpo não é uma porta de acesso ao inconsciente. O corpo pode ser a impossibilidade, o obstáculo para estruturar a experiência de vida. Vejo hoje o trabalho corporal não só como parte de um processo de transformação mas fundamentalmente *condição* de organização psíquica.

Ieda: Anna, ser terapeuta então, para você, é exatamente o quê?

Anna: Se eu quiser ser sintética, descuidando da precisão, diria que eu quero ser médica da alma. Possivelmente é grande a minha culpa e maior ainda é minha necessidade de reparação.

Ieda: Sendo médica da alma, quando você não cura, como é que você se sente? Isso lhe traz angústia? Como é que você lida com seus fracassos?

Anna: Quando fracasso, sinto a relação terapêutica estéril. Conseguir entabular uma relação na qual o paciente se livre do mal-estar e comece a criar o que deseja é o mínimo que exijo do meu trabalho. Quando isso não se dá, tendo a assumir a culpa do desencontro. As pessoas chegam a nós com muita esperança e somos responsáveis pela esperança na medida em que acenamos com uma possibilidade de realizá-la. O fato de estarmos em nosso consultório e recebermos pessoas que trazem problemas indica que aceitamos a incumbência. Isto quer dizer que nos sentimos capazes de propiciar situações novas, soluções novas. Não há dúvida de que estarmos lá, ouvirmos a queixa, traz em si a promessa de ajuda. Eu assumo isso. Se estou aqui, estou porque acredito que posso ajudar ou, para ser modesta, que sou, que participo de um projeto que promete alívio de sofrimento, para não falar de cura. Eu não sou daquelas que dizem que estão aí para acompanhar o caminho do outro. A minha postura interna é de ajudar. Não sou tão-somente o ser passivo que acompanha a grande viagem de autoconhecimento do outro. Quero mesmo participar da identificação dos obstáculos. Quero perceber a dificuldade e o conflito. Quero participação. Quando fracasso, me sinto muito mal porque os nossos fracassos representam grandes perdas para os pacientes.

Ieda: Como é que você vê a sua evolução como terapeuta?

Anna: No começo a teoria era fraca, o conhecimento pouco, a curiosidade imensa e o amor pelo outro infinito. Aí a teoria foi aumentando, a experiência também e eu não precisava ser toda amor, curiosidade total. No começo cada momento era um teste sobre tudo que eu já tinha lido e sabia. Surgiam novas perguntas e eu ia correndo aos grandes mestres à procura de respostas. É pena que seja assim, mas todo mundo tem de ter o seu primeiro paciente para poder ter o décimo.

No início eu era muito mais ativa. Usava muito técnicas dramáticas pois fiz metade da formação de Psicodrama. Com o tempo fui me dirigindo mais para o trabalho corporal. Uma reichiana entre vegetoterapia e análise do caráter. Do ponto de vista teórico esta posição é inviável. Havia muita influência de Alexander Lowen, um bioenergeticista americano em cujo instituto em Nova York estive duas vezes. Depois entrei em contato com Stanley Kelleman e Gerda Boyesen. Quanto mais gurus eu conhecia, maiores eram as minhas esperanças de encontrar o embasamento teórico satisfatório. Foram crises depois de crises, esperanças e decepções até conseguir definir um objeto e um campo para a terapia de abordagem corporal. O meu objeto é a sensação e meu campo é o espaço da passagem da sensorialidade para a representação simbólica. Esta passagem é o meu momento, o meu trabalho. Fazer a minha trilha por meio da floresta de idéias e seitas corporais foi uma tarefa atribulada e solitária.

Ieda: Era essa a próxima pergunta que eu ia lhe fazer, mas não em termos intelectuais, eu ia fazer em termos da sua relação com os pacientes, quero dizer: essas dúvidas, essas incertezas teóricas, essas evoluções, tudo isso ia se processando dentro de você, mas ao mesmo tempo você estava atendendo, você tinha pacientes todos os dias; foi uma coisa angustiante para você isso?

Anna: Os pacientes vivem isto sem saber, na maior parte das vezes. Faz parte do processo terapêutico ter um terapeuta que não é robô, que se avalia e se transforma. Alguns terapeutas se transformam mais do que os outros, há momentos em que as transformações afetam mais ou menos os clientes. Nestes momentos retorna a força da presença tal como era no início quando a teoria era fraca. Quanto maior o conflito interno, maior a doação. Quanto maior a dúvida teórica, maior a intuição. Quanto mais duvido do que sei, mais presto atenção no que sinto. Meu início como terapeuta foi acompanhado por mestres. O Gaiarsa aqui, o Lowen lá. Depois tive de me tornar a minha própria bússola. E a minha bússola é a experiência, meu contato com os outros, a minha vontade imensa de aceitar responsabilidade pelo tempo e sofrimento do outro.

Ieda: Anna, você sentiu muito desgastante esse seu estar presente, tão disponível, tão atenta ao outro, inclusive, em certo sentido, para compensar as contradições teóricas, as incertezas que você estava no momento vivenciando?

Anna: Em vez de falar em contradições, preferia que você me falasse em dúvidas. Eu preferia, mas não sei se você tem uma razão especial para falar em contradições. Eu não vivia contradições, eu vivia dúvidas. Eu não achava que estava em conflito comigo mesma. E quando eu tenho dúvida eu mergulho mais fundo no trabalho. Às vezes me surpreendo com o espaço que o outro tem dentro de mim. Três pacientes que eu tive mais de dez anos atrás reapareceram faz dois, três anos. A minha experiência com eles tinha sido tão intensa que assim que reapareceram tudo que eu conhecia do mundo interior deles me voltou à consciência. Eu escolhi desistir de mim por dez a doze horas por dia. Não sou substantiva, sou puro verbo. Fico *só presente* para o outro.

Ieda: Anna, será que você não seria um sacerdote de almas, uma freira? Porque, da forma como você falou agora, me deu a impressão de que o que caracteriza a profissão para você é a doação, é o amor, é o sacrifício.

Anna: Não, só na hora do trabalho. Não, não, porque freira é o tempo integral, sacerdote é o tempo integral, eu sou é muito egoísta. Eu viajo, eu esqueço. Quando eu tiro um mês de férias, três dias depois me esqueço até do nome dos meus pacientes. Eu realmente desligo. E tenho necessidade de desligar.

Ieda: Você acha que esse seu modo de ser terapeuta ocorre com a maioria dos terapeutas, que esta seria uma característica de ser terapeuta?

Anna: Eu acho que não. Eu não valorizo isso. Isso é o meu jeito de ser. Assim ocorre comigo. Talvez seja melhor de outro jeito. Eu nunca consegui fazer coisas assim com medida; eu não sou comedida em nada. Nem para ouvir música, nem para dançar, nem para viajar. Eu não sou comedida para trabalhar, para comer ou para amar. Não sou comedida nas minhas paixões. É a minha maneira de ser.

Ieda: Anna, é com essa intensidade toda, quero dizer, é com essa intensidade que você entra na relação terapêutica. E eu acho que é com essa mesma intensidade que você entra em qualquer outra forma de relação, aí fora. Tudo para você parece ocorrer de forma muito intensa. Pois bem, como é que você sente a interferência dessas coisas que você vive tão intensamente nessas duas áreas da sua vida, ou seja, na área profissional e na área privada? Quero dizer, após um dia de trabalho intenso onde você "mergulha" – foi o termo que você usou, não? –, você vai para casa, chega em casa em meia hora e é outro o universo. O que você faz com aquela intensidade toda que a envolveu durante doze horas e vice-versa? Quando você sai de casa, onde a gente tem às vezes problemas e uma série de coisas que pesam e estão muito presentes, e entra no consultório, como é que você lida com isso, já que é tudo tão intenso para você?

Anna: Os de casa se queixam muito. Marido não gosta dessa coisa, mas eu contrabalanço de outra maneira. Eu cozinho muito bem, sou uma razoável dona-de-casa, aliás, razoável não, eu sou uma boa dona-de-casa. Mãe não sei, mas parece que depois que os filhos passam da adolescência acham que eu sou boa. Eu acho que entro com a mesma intensidade em todas as coisas mesmo. Eu tenho, sim, uma inveja, uma admiração por pessoas comedidas, eu acho podre de chique. E deve ser bem mais tranqüilo.

Ieda: Que influência teve sobre a sua pessoa o fato de você ser terapeuta; em termos de concepção de mundo, de modo de encarar as coisas, sobre sua personalidade, sobre a sua vida em geral?

Anna: Teve uma grande influência sobre a maneira de eu me expressar e também sobre a estrutura do meu pensamento. Como eu sou muito sociável, muito falante, as formas de eu me expressar são muito importantes na minha vida. A meu ver, falar direto, em ordem direta, modo indicativo, é a maneira ideal de comunicação terapêutica. Isto eu aprendi, assimilei e às vezes, quando o pretérito até ficaria bem, eu continuo sendo direta demais. A estrutura de pensamento, a procura incessante do oculto é um vício que não me larga na porta do consultório. De fato eu fico sempre procurando ver o que está atrás e acabo vendo o que não devo e sabendo o que não quero. Se no consultório eu devo inquirir sempre, fora, esta posição cética é freqüentemente inadequada.

Ieda: Anna, você disse que a influência maior foi sobre a linguagem. E a influência sobre a sua personalidade, sobre o seu modo de ser, você acha que houve também?

Anna: É, quando a gente apela para a consciência do outro, torna aparente o que é oculto, a gente tem de fazer o mesmo em si própria. Então eu vou me desvelando e me desvendando para mim o tempo todo. E como é que isso me torna eu não sei mais. Me torna um ser mutante porque os outros fazem terapia um ano, doze anos ou, enfim, fazem um tanto de terapia na vida. Eu comecei a fazer terapia muito antes de ser terapeuta, 23 anos atrás. Parei algumas vezes, pouco tempo, mas quase sempre estou fazendo terapia. Mas a maior influência de transformação na minha vida é a terapia que eu faço no paciente, é aí que eu me torno um ser mutante. É um ser em eterna transformação porque cada paciente mexe com uma coisa que talvez na minha terapia pessoal nunca aparecesse. Talvez não fosse fundamental, mas vai aparecendo, vai surgindo, eu vou levando em conta isso e aquilo também, são todos aspectos da gente. É como se a gente fosse aquele fantástico brilhante, assim cinzelado por todos os lados, que a gente olhando de cima tem a fantasia de ver tudo ao mesmo tempo de uma vez só.

Ieda: Anna, existe algum tipo de paciente com quem você acha mais difícil trabalhar?

Anna: Não é uma grande idéia um terapeuta responder a esta pergunta, mas, enfim, eu vou arriscar. Tenho dificuldades pessoais, não teóricas, com reacionários convictos, conservadores e anti-semitas. A dificuldade não é teórica, como eu disse, eu não tenho vontade de ajudar. Tenho também é certo cansaço diante do cliente excessivamente obsessivo. Aquele que não confia, duvida, que nunca tem certeza. Mexe com a minha vaidade o cliente que diante da mais magnífica interpretação olha para mim e pergunta: "E daí?" Antigamente, quando era mais insegura, era mais difícil. Hoje já dou conta, mas sem muita alegria.

Ieda: Anna, se eu lhe pedir para me dar uma metáfora sobre ser terapeuta, o que é que lhe ocorre?

Anna: A mais fina, a mais requintada, a mais elegante, a de mais alto nível: "*strip-teaser* do mundo".

Ieda: E se você fosse dar um conselho aos aspirantes a terapeutas, os que estão se preparando teoricamente, fazendo as suas análises, estudando, enfim. O que você aconselharia em termos de nossa vivência como terapeuta?

Anna: Há dois aspectos. Primeiro, acho que nenhum terapeuta deve começar a ser terapeuta sendo só terapeuta. Porque a angústia é tão grande que é melhor ter outro emprego e começar a atender pouquinho. Se tiver clientes, tem. Se não tiver, não tem. Que esta história de depender do único cliente para satisfação de seu ego profissional atropela o aperfeiçoamento do terapeuta. Acho que o terapeuta deve ter várias fontes de satisfação profissional concomitantes. Se eu pudesse, obrigaria as pessoas a terem outros empregos para que não dependam só disso para se sentirem competentes. Essa é a primeira coisa. A segunda coisa é a seguinte: uma vida é pouca vida. A minha vida e a dos meus clientes são dez, quinze, vinte, trinta vidas. Mas para eu cuidar de vinte, trinta vidas eu preciso conhecer mil, duas mil vidas. E eu só posso conhecer mil, duas mil vidas numa vida, lendo mil, dois mil, três mil romances. Ouvindo mil, duas mil, três mil músicas, assistindo a todos os filmes, a todas as peças de teatro. Então, meu conselho para futuros terapeutas é: além de uma boa bagagem de terapia própria, além de uma boa bagagem de teoria, todos os romances do mundo, todos os filmes, todas as peças do mundo, todas as viagens do mundo, todas as fofocas e em todos os grupos em que eles estiverem, uma curiosidade eternamente aberta em todos os lugares e outro emprego para começar. E, claro, uma grande vontade de ver o outro mudar, uma grande solidariedade, uma capacidade de identificação infinita, uma empatia sem fim e uma disposição mesmo de ser o outro por muitas horas. Porque, se você não fizer de conta que você é o outro, você não entende o outro. A teoria só vai explicar o que você percebeu e você só percebe abdicando de si mesmo. Quer dizer: todos os livros, todos os romances, a aptidão para abdicar de si próprio, para perceber, para se pôr no lugar do outro e depois disso a teoria então explica, ilumina, faz todas as gracinhas.

Ieda: Anna, você diria que a nossa profissão é cansativa e que a gente paga um alto preço?

Anna: E tem muita gente que quer mudar, por acaso?

Ieda: Pode ser vício, não é?

Anna: Olha, eu não acredito que seja vício. Porque coisas cansativas não são vícios. Eu conheço muito poucos terapeutas que deixam de ser terapeutas, eu conheço muito poucos jornalistas que deixam de ser jornalistas, eu conheço muito poucos publicitários que deixam de ser publicitários. Mas eu conheço um grande número de outros profissionais que, se pudessem, largariam. Para ser terapeuta eu uso quase todas as minhas aptidões. Para ser jornalista também uso quase todas as minhas aptidões, quer dizer, as profissões atraentes são aquelas que me permitem usar a maior parte de mim, e as menos atraentes são as que menos usam de si. Por exemplo, um engenheiro não usa a sua empatia para fazer um projeto técnico, um operário não usa sua criatividade etc. São poucas as profissões em que tudo que sou, tudo que sei é usado sem parar, no cotidiano.

Ieda: Anna, há momentos na vida da gente em que se está passando por problemas difíceis, períodos angustiantes. Como é que você lida com isso em termos desse nosso trabalho cotidiano, que exige tanta disponibilidade? O que eu quero dizer é o seguinte: há momentos em que a gente sente que não está disponível para nada nem para ninguém e a gente vai para o consultório e lá se fica disponível. O que lhe custa isto em termos de energia, como é que você faz esta passagem de não estar nada disponível e ter de estar disponível? Como é que você percebe isto em você?

Anna: Nesses vinte anos em que eu sou terapeuta passei por momentos muito dramáticos, mas não passei por grandes depressões. No drama pode haver muita vitalidade e se você está vitalizado não há problema com o trabalho. Se você está nervoso, irritado, corre o risco de se irritar; se você estiver consciente do seu estado de ânimo, você tem boa chance de se controlar. Se eu estiver deprimida, desinteressada, posso ficar passiva durante algumas sessões. Claro que há algum prejuízo, mas aquilo que represento permanece. É impossível imaginar trabalhar anos a fio num mesmo estado de ânimo. A minha luz permanece acesa mesmo que eu esteja apagada por algum tempo.

Ieda: Anna, lidando há tantos anos com os homens, o que é que a impressiona mais no ser humano?

Anna: A alegria. A coisa que mais me impacta é a alegria. É a que mais me comove.

Ieda: Mas não é isso que você viu no decorrer desse seu trabalho esses anos, ou pelo menos eu suponho que não tenha sido isso a coisa mais presente, porque os pacientes vêm nos procurar, em geral, pelo sofrimento, não pela alegria. Dentro desse sofrimento que eles trazem, o que é que lhe chega como sendo mais característico?

Anna: Olha, é a alegria. E quando a alegria aparece, como os primeiros raios de sol no horizonte, depois de anos de escuridão, é como a aurora boreal. Depois de seis meses ou de seis anos de escuro, quando surge uma alegria que não é euforia, quando surge uma esperança que não é falsa, quando a pessoa abre o sorriso que é de vitória, que é a pura alegria de saúde, aí eu choro.

Ieda: Agora, uma curiosidade minha: como é que está chegando para você ser entrevistada sobre esse tema, "ser terapeuta"?

Anna: Olha, a gente não tem oportunidade de falar sobre isso. Então eu estou organizando a minha experiência de maneira espontânea. Quer dizer, é uma coisa inteiramente sem preparo. Eu não sabia direito o que você ia me perguntar. Agora, tem uma coisa que eu não disse, que caracteriza a minha carreira de terapeuta. E é uma coisa muito dolorosa. Eu fiz escolhas estranhas na minha carreira de terapeuta e fiquei um pouco órfã. Então, o que caracteriza a minha carreira de terapeuta é a orfandade. Os meus mestres foram mestres por pouco tempo e não me satisfizeram por muito tempo. Por isso que eu me afastei. Eu não sei se os outros terapeutas também não são um pouco órfãos. Mas para mim o que me acompanha é a solidão, porque a minha experiência com os meus pacientes é tão única que o relato dela numa supervisão é quase ainda um monólogo. A supervisão é um momento que dá um apoio, mas não dá companhia. Então, para mim, há uma situação assim tipo orfandade e solidão e raros momentos de alegria, porque demora tanto para mudar, então são raros.

Ieda: Pois é, Anna, eu me identifiquei com você em várias coisas no decorrer desta entrevista, sobre as suas vivências como terapeuta. Mas eu acho que é na solidão que talvez eu me identifique mais com você. Antes de nós iniciarmos a entrevista, você riu quando eu disse que eu era uma terapeuta não-alinhada. Essa minha postura vem exatamente dessa quase ausência de mestres, enfim, da solidão de quem, em certo sentido, se formou por si própria, fez opções aqui e acolá, selecionou e refletiu o tempo todo sobre o seu trabalho, sem ter um apoio numa única linha. Eu acho que a gente poderia parar por aqui. Você teria alguma coisa que gostaria de acrescentar?

Anna: Eu acho que no começo desta entrevista eu falei de uma pessoa que foi muito importante. Foi o Dante Moreira Leite. E eu acho que eu queria terminar com ele. Eu não tive nenhum Dante Moreira Leite em terapia, só em Psicologia. O que é uma pena.

Ieda: Não é um consolo, mas, ouvindo você falar dos seus pacientes e sentindo todo o amor que você coloca na relação terapêutica, me chega que você é um Dante Moreira Leite para a grande maioria dos seus pacientes.

Denise Ramos

Paulo: Vou lhe passar a peteca. Você já sabe o que a gente está querendo, já conversamos um pouco. Eu gostaria que você começasse, Denise, por onde você quisesse. A respeito do que você gostaria de falar, o que é que você gostaria de falar, ou o que é que você gostaria de saber sobre o que é ser terapeuta? Eu estava falando de uma curiosidade da gente como terapeuta, a respeito do que os outros terapeutas sentem e acham ou têm a dizer, esse tipo de coisa...

Denise: Sendo franca, o que gostaria de saber é como os meus colegas se sentem no fim do dia, após terem trabalhado com duas ou mais transferências negativas e como se sentem depois de terem trabalhado com duas ou mais transferências positivas. Apesar de toda a neutralidade e proteção que o contexto psicoterápico fornece, muitas vezes a forte descarga agressiva e atuada de uma transferência negativa nos atinge, assim como os elogios e o amor transferenciais.

É claro que a satisfação de ter feito um bom trabalho independe do tipo de transferência em que estamos envolvidos. Entretanto, por mais que estejamos atentos às nossas emoções e sombras, o sentimento que fica após intenso dia de trabalho nem sempre é o mesmo e acho que se relaciona entre outras coisas com o tipo de transferência que trabalhamos, o tipo psicológico do paciente, a problemática que ele apresenta e a fase de vida do analista. Às vezes o paciente atinge certos núcleos que o analista ainda não tem bem conscientes e isso vai afetá-lo inevitavelmente.

Paulo: A minha primeira impressão é de que vai ser muito quente esta entrevista. Você pegou aí num ponto muito quente.

Denise: Algumas vezes não é fácil perceber onde termina a transferência e onde começa a percepção muito real e apropriada do paciente sobre nós. A relação nunca é unilateral, e, à medida que nos aprofundamos, o paciente também vai percebendo nossos pontos mais fracos, menos desenvolvidos e onde somos mais facilmente atingíveis.

Por outro lado, não se pode interpretar toda agressão como transferência ou resistência. Em alguns momentos ela é conseqüência de uma atuação errada por parte do analista que precisa, aí, rever seu trabalho. Para que a análise possa fluir é imprescindível o reconhecimento do erro.

Paulo: Você sabe dizer o que é que a carrega mais, por exemplo? Porque eu imagino, suponho que algumas transferências negativas não a peguem tanto.

Denise: Isso varia de acordo com o momento do meu processo pessoal. Percebo que o que me atingia quatro, cinco ou dez anos atrás não me atinge mais. À medida que tomo consciência dos meus complexos e de minha sombra, consigo separar-me mais dos processos dos pacientes e fico mais objetiva. Esse é um processo constante e contínuo.

Quando estou num conflito pessoal ou quando um paciente se apresenta com uma problemática ainda não elaborada por mim, a situação pode ficar mais difícil, exigindo uma intensificação de minha própria análise para poder atender esse paciente.

Paulo: Você tem algum exemplo?

Denise: Há alguns anos, quando estava numa fase difícil, tratava de uma paciente 27 anos mais velha do que eu. Pensei, então, que com ela não teria de trabalhar nenhum problema semelhante ao meu. Mas, de repente, ela me contou uma situação que havia vivido há muitos anos e que era exatamente a situação por que eu passava no momento. Então, realmente foi muito difícil trabalhar porque a problemática dela coincidia com a minha e eu estava sofrendo. Tinha de trabalhar com ela e comigo ao mesmo tempo. Aí, quando ela faltava à sessão, eu ficava aliviada, pois ganhava um tempo para me reorganizar.

As situações difíceis, portanto, para mim, são aquelas em que há uma coincidência dos conflitos do paciente com os meus ainda não elaborados. Quando o paciente atinge a ferida não curada do analista, este tem de fazer um grande esforço para se reestruturar e não se misturar com o paciente. O risco é de os dois ficarem se lamentando e se apoiando sem haver qualquer objetividade e evolução. Pode ocorrer um processo simbiótico, indiscriminado, do tipo: "É, eu também estou passando por isso", que sobrecarrega a análise e impede seu prosseguimento. Muitas vezes, o mais honesto é encaminhar o paciente para outro analista, pois há momentos em que não temos condições de atender a determinado caso. Reconhecer nossos limites é fundamental.

Paulo: Eu tenho a impressão, Denise, de que você começou por uma coisa que é importante nesse tipo de trabalho que a gente está fazendo, de colocar a realidade de vida dos terapeutas, e o que é importante do que você está falando é basicamente isto: existe um estereótipo por parte de qualquer leigo, de candidatos a terapeuta e mesmo de terapeutas que já não são tão candidatos assim, de que você tem de ter suas coisas resolvidas para ser terapeuta, o que ninguém tem, afinal de contas. A gente é gente também, está vivendo e não está nunca com todas as coisas resolvidas. Eu acho que o seu primeiro comentário é muito pertinente.

Denise: Uma coisa é básica: o terapeuta tem de ter disponibilidade para se abrir a novas situações e entrar no mundo interno e misterioso do paciente.

Todo terapeuta eficiente tem dentro de si uma ferida simbólica, a qual na maioria das vezes é a própria motivação para a escolha de sua profissão. Entretanto, se a ferida estiver "sangrando" ou se o terapeuta tentar resolvê-la por meio da consciência e trabalho do paciente, a terapia fica estagnada. O terapeuta se perde numa análise monótona e repetitiva, vendo a mesma dinâmica neurótica em todos os pacientes. Nada mais horrível do que se pegar dando a um paciente a mesma interpretação que você deu a outro, horas atrás. Aí, a percepção do paciente está prejudicada pela projeção do analista que deixa de ver o processo único de cada um. Passa a repetir frases até interessantes, mas que estabelecem uma relação unívoca entre sintoma e dinâmica.

Paulo: Não é bem o paciente que está precisando ouvir.

Denise: Não, não exatamente.

Paulo: Denise, você está usando coisas, uma terminologia analítica ou psicanalítica falando em transferência. Conte um pouco do seu caminho, das suas coisas atuais.

Denise: Você está perguntando sobre a minha formação terapêutica?

Iniciei estudando a psique numa abordagem mais corporal, pesquisando a relação de medidas fisiológicas com estados emocionais. Com o tempo, comecei a observar como as emoções fixam padrões corporais, tensões musculares e somatizações, e fui me aprofundando no estudo de W. Reich. Percebi que minha identidade primária estava baseada na minha imagem corporal e nos sentimentos em relação ao meu corpo. Sentia que toda mudança seria superficial se não houvesse uma transformação também corporal. Então me especializei nas técnicas de W. Reich, bioenergética e de relaxamento. Fui para os Estados Unidos e trabalhei com terapia gestáltica e bioenergética, tendo feito sessões com A. Lowen e a série de massagens de Ida Rolf.

Entretanto, passado o entusiasmo inicial e embora tivesse observado mudanças profundas em mim e nos meus pacientes, certo sentimento de insatisfação foi se desenvolvendo. A abordagem corporal tem por trás um modelo ideal de homem (livre de tensões, sem anéis etc.) que todos devem atingir. Embora W. Reich fosse mais profundo na sua visão cósmica do homem, as técnicas de abordagem corporal para mim eram limitadas. Em geral, não se preocupam com a busca do significado simbólico e existencial, nem com o sentido do sofrimento neurótico. A dimensão simbólica e espiritual é posta de lado, havendo até em alguns círculos certo preconceito contra esta importante área da psique.

As terapias que tinha feito e estudado até então, após lidarem com a confissão, culpa e catarse, chegando às emoções reprimidas, paravam por aí. Mas o que fazer com o significado do sofrimento? Será que só a pesquisa da causa é o suficiente? Qual o caminho após a liberação das tensões? Procurei, então, uma linha mais oriental e passei alguns anos praticando meditação Zen e participando da escola Arica para o desenvolvimento do potencial humano.

Mas foi na psicologia analítica de C. G. Jung que encontrei, dentro da ciência, um caminho para refletir sobre essas questões. Ela, com uma visão abrangente, possibilitou um início de integração entre psique, corpo e espírito, fornecendo-me uma visão mais completa do homem. Encontrei no Jung algo que havia tempo procurava: a busca do significado do sofrimento psíquico e neurótico, uma busca que não termina só pelo conhecimento dos complexos e do passado, mas continua na reflexão sobre a finalidade da existência do ego e da consciência, integrando o corpo num todo indivisível, em que a cisão corpo–mente não tem sequer sentido lógico.

Paulo: Você lida atualmente com o corpo?

Denise: Com alguns pacientes, sim.

Paulo: O quê, relaxamento?

Denise: Com técnicas de relaxamento, exercícios respiratórios e bioenergéticos. Mas sinto que este é um caminho ainda não bem integrado. Uma das dificuldades ao se lidar diretamente com o corpo é a transferência. Acho que um dos erros básicos na abordagem corporal, cometido por alguns terapeutas, é o de imediatamente propor exercícios e tocar o paciente, sem ter feito uma análise adequada do vínculo transferencial.

Alguns terapeutas partem de idéias preconcebidas sobre "normalidade corporal" e exercícios para "corrigir" quaisquer desvios. Acho isso um grave erro, pois cada paciente tem uma psique muito especial e individualizada.

O conceito teórico de estrutura e dinâmica da psique deve ser aplicado com muito cuidado na área clínica, pois, caso contrário, imporemos um molde rígido sobre o doente, sem nos abrirmos para possibilidades de estruturas e dinâmicas diferentes. Aqui, a idéia de normalidade pode ser muito prejudicial. Não há um caminho melhor ou superior, pelo menos no que se refere ao julgamento do analista. E isso vale para qualquer linha terapêutica, tanto para a psicanálise como para a análise junguiana. Acho que como terapeutas teríamos de ter instrumentos diferentes para diferentes pacientes. O ideal seria sentar "em branco" com o paciente e reagirmos frente às necessidades dele. Isto é um exercício que exige muita flexibilidade.

Paulo: De certa forma a gente nunca atinge isto, não é? A gente amplia os próprios instrumentais ou amplia as possibilidades da relação com o cliente, mas continua sempre vendo casos que a gente não deve atender e que outras pessoas estão mais habilitadas para atender.

Você começou falando de uma das cargas do trabalho da gente. Quando a gente recebe, por exemplo, algumas cargas de transferências negativas. Eu gostaria que você falasse um pouco das coisas boas que a gente tira da profissão, do que ser terapeuta dá a você, deu a você.

Denise: Primeiro, acho que essa profissão nos dá o grande privilégio de poder compartilhar com uma pessoa sua intimidade psíquica. Observamos e testemunhamos processos especialíssimos ao entrar no mundo desconhecido e inexplorado de outra psique. Jornadas e lutas heróicas, em que o estabelecimento de um vínculo amoroso é básico para que o processo possa ocorrer.

A busca da totalidade, da completude e da compreensão do sofrimento do paciente nos leva a participar no grande mistério que é a nossa vida psíquica.

Paulo: Pois é, eu estou aqui sorrindo porque, na minha pequena introdução, eu uso estas palavras que você está colocando, a expressão *privilégio* que já surgiu em outras entrevistas, e o fato de sermos uma testemunha que acompanha. Estou entendendo muito bem o que você está falando; compartilho isto, e queria engatar ou emendar aí essa outra coisa que você está falando. Com o passar do tempo, o que atinge são coisas diferentes no cliente, seja o positivo, seja o negativo. Você acha que isto ajuda no seu processo de desenvolvimento pessoal, de amadurecimento pessoal?

Denise: Muito, porque sinto que com cada paciente, se não me transformei, é porque não fui uma boa terapeuta. A terapia não funcionou. A transformação nunca é só do paciente. É mútua. Para haver terapia o analista também precisa se expor e se transformar. É como que uma troca alquímica, onde duas substâncias se unem para produzir uma terceira. E não é só o paciente que sai com a terceira. Então, amadureci e aprendi muito com meu trabalho.

Paulo: Você lembra de alguma coisa que tenha sido importante para você nesse sentido, de algum cliente que tenha sido importante como pessoa, que tenha trazido para você, por acompanhar o processo dele, uma conquista, um desenvolvimento, o desabrochar de alguma coisa que foi de valor para você?

Denise: Lembro de muitos. Às vezes o paciente fala uma frase e depois você vai para casa refletindo sobre ela. Certas neuroses e zonas conflituais são um desafio para o analista, que tem de pesquisar muito para compreender o paciente.

Às vezes um sonho também mostra a realidade que eu não conhecia, levando à síntese que procuro no momento. Meus pacientes trazem sonhos muito interessantes, que têm me levado a certas descobertas.

Paulo: Você gosta de sonhos?

Denise: Bastante, pois acho que o sonho é uma das fontes da criatividade, da não-repetição, do desconhecido. Trabalho muito com material simbólico. Quando uma pessoa procura terapia é porque, em geral, já esgotou todos os meios conscientes para resolver seus conflitos. A chave para a solução está, então, no seu inconsciente e o sonho é um dos caminhos. Ele é como hieróglifo e da análise de uma seqüência de sonhos podemos aprender o significado específico de cada símbolo para o sonhador. Ele traz à tona conhecimentos milenares e futuros, possibilitando grande ampliação da consciência.

Paulo: Você lembra de alguma coisa neste sentido?

Denise: Tenho como paciente um engenheiro civil muito técnico e materialista. O processo terapêutico era lento e doloroso, principalmente devido à sua grande resistência de entrar no mundo da fantasia. Até que teve o seguinte sonho: "Uma nave espacial prateada, brilhante, último modelo, cai num bairro muito pobre da periferia. Ela fica frente a um bar sujo, cheio de vagabundos. O povo carente começa a invadir a nave e os astronautas vão dando peças, chegando ao ponto que a nave não pode mais decolar".

Para mim este sonho foi muito interessante, pois, de acordo com as associações do meu paciente, a nave é a síntese da evolução humana e o bar a síntese da pobreza e decadência. Então, de repente, temos os dois extremos se encontrando. Para este paciente, evolução é igual a tecnologia, e o auge do progresso despenca das alturas caindo num lugar imundo, num lugar que contém toda a sua sombra, tudo aquilo que rejeitou e reprimiu. É o lado pobre, afetivo e carente.

Ele era uma pessoa muito solitária e pobre afetivamente. Tinha poucos amigos e mantinha raros encontros afetivos. Então, no sonho, há uma troca entre o máximo de assepsia e ciência com o máximo de sujeira e ignorância. Os pobres tiram dos ricos; é o começo de uma interação entre as polaridades em conflito.

Esse sonho extrapola o problema individual e reflete a situação de boa parte da humanidade, que vem construindo uma sociedade tecnológica e burocrática, sem levar em consideração as necessidades humanas básicas, e, com isso, cria enormes dissociações culturais e psicológicas.

Paulo: É uma lenda, um conto.

Denise: Essa é mesmo a melhor atitude.

Paulo: Porque ele traz coisas exatamente de um significado muito denso, muito importante, condensado numa pequena história e cujo final a gente nunca sabe. O sonho é muito peculiar; vamos embalar um pouquinho mais em sonhos. Eu gostaria que você falasse mais. Neste caso que você trouxe, por exemplo, você viu alguma mudança já no consciente dele ou na consciência ou na relação dele com você, ou nas coisas que ele trouxe para a terapia depois desse sonho? O sonho é recente ou não?

Denise: O sonho ainda é recente, mas pude notar que mesmo antes dele já havia o início de uma troca entre o pensamento formal e superdesenvolvido e o sentimento carente e subdesenvolvido. Esse paciente não tinha quase percepção de seus sentimentos ou das reações que seu comportamento produzia nos outros. Ele faltava ou chegava atrasado com certa freqüência. Contratransferencialmente eu me sentia agredida e desvalorizada em meu trabalho, embora ele negasse qualquer intencionalidade, sempre com a desculpa de inúmeros compromissos. Era uma agressão camuflada, sutil. Era uma forma de me controlar, fazendo-me esperar, sem avisar quando iria faltar. O aumento da percepção de seus sentimentos foi enriquecendo seu lado reprimido e carente e com isso os atrasos e faltas praticamente desapareceram.

Acredito que vai demorar certo tempo até que essa interação ocorra de modo mais intenso e global, pois o sonho muitas vezes também é prospectivo.

É muito interessante reler sonhos de alguns meses atrás. Sonhos que no momento não entendi, relendo após alguns meses, ficam muito claros, e com isso posso perceber melhor o padrão de manifestação simbólica do paciente.

Paulo: Pelo que você estava falando, você anota sonhos de clientes.

Denise: Anoto todos. É um material riquíssimo não só para a prática clínica como também para a pesquisa dos dinamismos da psique.

Paulo: Você pede que eles anotem os sonhos?

Denise: Peço para meus pacientes terem um caderno de sonhos. Eles devem ser anotados, de preferência, logo ao acordar, pois, com o passar do tempo, vamo-nos esquecendo dos detalhes e de certas nuanças às vezes importantíssimas. O caderno de sonhos é o livro da vida do inconsciente. Também acho importante lembrar que há outros meios para mobilizar a fantasia e o inconsciente, como o desenho, a pintura e o jogo na areia. O jogo na areia mobiliza a criança do adulto, seu potencial criativo e renovador, propiciando condições para a reestruturação da consciência.

Paulo: Existe algum tipo de cliente que mais a angustia, preocupa ou carrega?

Denise: Um tipo de paciente que me ocupa mais é aquele que tem um vazio existencial, concreto, difícil de ser reparado. Há pessoas que vivem de forma tão solitária e carente que o analista passa a ser seu único vínculo com o mundo social. O analista se transforma no princípio de vida do paciente, numa transferência da relação primal bastante regredida. Esta pode se tornar uma situação perigosa, pois mesmo um pequeno atraso no horário da sessão pode ser sentido como rejeição e o paciente entra em pânico. Tirar férias é sentido como abandono e uma série de tentativas de chantagem se estabelecem.

Acredito ser este tipo dos mais difíceis de trabalhar em consultório externo. Em alguns casos seria até aconselhável uma internação para proteger o paciente, mas, às vezes, nem há uma família à qual você possa recorrer. Esse é o paciente que telefona fora do horário, nos fins de semana, invadindo a vida particular do analista, que tem de ser muito habilidoso para impor limites sem dar a sensação de que está abandonando ou rejeitando.

Paulo: Você trabalha normalmente uma vez por semana, duas vezes por semana, quantas vezes?

Denise: No início, prefiro trabalhar duas vezes por semana, devido ao acúmulo de material. Com o tempo passo para uma vez por semana. Dentro de um processo terapêutico estável, o prazo de uma semana dá para o paciente elaborar o material vivido na sessão anterior. Na fase de alta posso até espaçar mais.

Paulo: Nas respostas que você está dando, está me chamando a atenção a abertura, a franqueza, a liberdade com que você está falando e a centralidade que você coloca, no seu trabalho, na questão da relação com o cliente; desde a primeira resposta, em que você comenta como a atinge uma transferência negativa. E agora também, quando eu perguntei o que a angustia mais, você respondeu que era o cliente que você dá, dá, dá e ele acaba se tornando dependente, porque você acaba sendo o cordão umbilical dele com o mundo, o único vínculo. Então, está me chamando a atenção, Denise, a franqueza, a abertura que você tem para colocar isto e a importância que você atribui, no processo terapêutico, à relação que você estabelece com o cliente.

Denise: Terapia para mim é uma relação dialética entre terapeuta e paciente. Uma dialética não só intelectual, mas também existencial. Uma dialética cuja base tem de ser um relacionamento amoroso para que possa ser efetiva.

Paulo: Pois é, mas é que os terapeutas continuam a falar disso intelectualmente.

Denise: Bem, não é fácil estar sempre disponível e com a mesma energia. Sinto que, quando não estou bem, meu trabalho fica mais pesado e até aumenta a possibilidade de uma contaminação psíquica. Esta é uma das profissões mais desafiadoras, já que a nossa consciência e nosso equilíbrio emocional são testados a cada momento.

Paulo: O que você faz quando não está bem? Porque ocorre. Há dias em que a gente não está bem e por essa ou aquela razão, enfim... Como é que você orienta as coisas, quando você está assim?

Denise: Existem alguns recursos. Às vezes é melhor cancelar ou trocar de horário. Às vezes é melhor atender, mesmo não estando 100% bem, pois um cancelamento pode ter um efeito traumático sobre determinado tipo de paciente. Entretanto, é necessário o terapeuta estar atento a seus limites, pois com isso também ensina o paciente a se preservar. Como já disse, há sempre um risco de contaminação psíquica na terapia. Certos pacientes nos deixam cansados e desvitalizados e, se estivermos mais frágeis, o risco é maior; portanto, a necessidade de se proteger é imprescindível. Há terapeutas que entram em estafa ou ficam esgotados no final do dia. Para mim isto é sinal de que houve algum desequilíbrio por parte do analista. É necessário estarmos sempre atentos a este fator.

Paulo: Resguardo, não é?

Denise: Sim, pois, sem ter como prioritárias a nossa saúde e auto-estima, o que podemos transmitir ao paciente?

Por outro lado, tenho de lembrar que, às vezes, saio de uma sessão mais vitalizada do que quando entrei. O trabalho pode ser tão criativo que tem um efeito terapêutico e energizante também sobre o analista.

Paulo: Não sei se você utiliza alguma imagem para descrever o seu trabalho. Por exemplo, fala-se numa metáfora, que o terapeuta é um jardineiro. Ocorre-lhe alguma coisa nesse sentido de metáfora, alguma imagem?

Denise: Eu vejo um pouco como uma longa viagem, na qual, de mãos dadas, analista e paciente andam por caminhos sem estradas, sem metas claramente definidas. Às vezes o terapeuta está na frente, às vezes atrás, às vezes ao lado. O caminho muda. Pode ser a terra árida do deserto, sem alimento, sem água, sem oásis. Pode ser um campo florido, com muitos frutos prontos para ser comidos. É uma longa viagem de mãos dadas.

Paulo: Agora uma pergunta me puxou outra, embora seja em outra direção. Você trabalha com as suas imagens no processo terapêutico?

Denise: Com certa freqüência.

Paulo: Você responde com imagens ao material que vem? Qual via de respostas você tem?

Denise: Depende. Embora minha função principal seja o sentimento, procuro responder na linguagem que o paciente usa, entendendo, assim, melhor o seu funcionamento consciente e sua função interior.

Paulo: E às vezes você tem alguma imagem?

Denise: Às vezes, na primeira entrevista intuo qual é o problema central do paciente, de onde virão sua principal confissão e seu núcleo neurótico mais grave. E essas intuições podem ocorrer como imagens, pensamentos ou sentimentos. Entretanto, não as expresso esperando uma confirmação mais segura, pelo consciente.

Paulo: Gostaria que você localizasse alguma diferença no seu trabalho com pessoas do sexo masculino e feminino.

Denise: Tenho refletido muito sobre isso. A identificação com um paciente do mesmo sexo às vezes torna mais rápidas a captação das zonas de conflito e a compreensão de certos mecanismos e determinantes, por já tê-los vivido (até devido às funções biológicas). O risco é supor que, só porque o paciente tem o mesmo sexo que eu, vai ter a mesma reação diante, por exemplo, do casamento ou da maternidade. Então, se por um lado o trabalho com uma mulher facilita a identificação de certos processos, pode, por outro lado, dificultar a discriminação de novos fenômenos. Com as mulheres, tenho observado, entre outras, um maior número de transferências mãe-filha, de projeções de sombra e decorrentes rivalidades e invejas que ocorrem mais comumente entre indivíduos do mesmo sexo.

Com os homens, por nem sempre ser possível a compreensão pela identificação vivencial, posso perceber com maior facilidade o efeito de seu comportamento sobre a outra polaridade, isto é, sobre as mulheres que participam ou participaram de sua vida, ou a influência destas na formação de sua personalidade.

Em outro nível, há toda uma imagem cultural do homem e da mulher, transmitida na educação, que tem de ser constantemente verificada, para não agirmos de modo preconceituoso.

Paulo: Isso mudou com o tempo?

Denise: Tem mudado. Como já disse, acredito que as teorias psicológicas estão contaminadas (e isso é inevitável) por preconceitos sobre as diferenças entre a psique feminina e masculina. Somos constantemente bombardeados pela propaganda e educação, com modelos idealizados e ideais sobre os caminhos do homem e da mulher.

Por outro lado, vemos, principalmente nos pacientes, o fracasso destes modelos e a busca de uma identidade que não é dada pelo passado nem pela cultura atual, mas é algo ainda a ser descoberto. Isto é um desafio para ambos os sexos, que, procurando uma nova forma de ser humano, não mais se adaptam aos padrões tradicionais.

Na relação terapêutica com o analista, cada um, revendo seu passado, experimenta a liberdade de, sem procurar ser perfeito, ser diferente. Sinto-me no meio desta procura e por isso é tão difícil falar algo mais definido sobre o assunto.

Paulo: Denise, acho que nosso trabalho aqui, hoje, está terminado, acho que foi muito rico. Você gostaria de acrescentar mais alguma coisa?

Denise: Acredito que um dos maiores desafios na psicoterapia é o de não se fixar num padrão de desenvolvimento normal e a partir daí tentar "normalizar" todos os pacientes. É um desafio estar sempre disponível para reformular nossas idéias e ao mesmo tempo manter uma coerência teórica, técnica e científica.

No início da profissão, é comum termos muitos sonhos e ilusões sobre qual deve ser o "caminho" para a totalidade psíquica; hoje percebo como isso leva a uma grande inflação psíquica. O analista se desumaniza e corre o risco de, por ter certo conhecimento dos mecanismos psíquicos, padronizá-los e afastar-se cada vez mais da verdade terapêutica. É como se quisesse moldar a todos, exercendo um poder ideológico que foge completamente aos objetivos da psicoterapia.

O primeiro compromisso é com o paciente e com seu processo psicológico. As outras considerações são secundárias.

Elias Rocha Barros*

Ieda: Elias, há quanto tempo você é terapeuta?

Elias: Ao todo há doze anos, mas eu tive vários começos. Primeiramente, quando eu estava fazendo os estágios na clínica, enquanto ainda era estudante. Nesse tempo eu atendia pacientes porque se esperava isso de mim, conforme a estrutura do curso. Mas as orientações eram muito diferentes e eu me sentia muito confuso. Via um paciente, procurando ser behaviorista; o seguinte, numa orientação rogeriana e a este se seguia um paciente que se pretendia que eu atendesse dentro de referencial analítico. Essa experiência parece ser muito rica, mas na verdade hoje eu creio que ela atrapalha o desenvolvimento do estudante. Não creio que seja possível treinar várias sensibilidades ao mesmo tempo. Não é possível pedir a alguém que esteja atento ao comportamento e à freqüência com que certos itens são exibidos, se meia hora antes ele estava tentando entender o significado emocional da comunicação que lhe estava sendo dirigida. As sensibilidades necessárias para esses dois tipos de atividades são diferentes e mesmo contraditórias.

---

* Esta entrevista foi realizada por correspondência, uma vez que à época o autor residia na Inglaterra.

Passado esse período, eu comecei a trabalhar numa perspectiva psicodinâmica, em seguida me interessei por psicanálise. Foi quando decidi fazer minha análise pessoal e um treino na Inglaterra. Desde então tenho trabalhado numa perspectiva analítica.

Ieda: E por que você escolheu essa profissão?

Elias: Acho muito difícil responder a essa questão. Ela envolve fatores externos e internos. O principal fator externo estava no fato de eu pensar que ser terapeuta era a única forma de eu ser um profissional liberal. Talvez fosse a única perspectiva que eu considerasse viável para mim como psicólogo.

Os fatores internos são muitos. Creio que, desde muito cedo em minha vida, eu me dediquei a observar as pessoas e tentar entender por que elas funcionavam do jeito que eu as via funcionando. Obviamente, eu estava muito aflito com o que estava ocorrendo à minha volta. Minhas observações nessa época não desembocavam em nada, pois eu não tinha condições emocionais e sociais de intervir no ambiente à minha volta. Desse período veio meu interesse por observar e procurar entender as pessoas. O outro componente emocional de minha escolha certamente estava num desejo reparativo, uma vontade de "consertar" pessoas em redor de mim, primeiramente minha mãe, que sofreu de uma condição física e possivelmente emocional que a limitava enormemente.

Foi assim que eu me tornei um terapeuta. Eu não comecei pensando todas estas coisas e daí decidi ser terapeuta. Esta resposta, eu a encontrei aos poucos e ela ainda está sujeita a transformações, adendos e correções. Talvez o único elemento consciente, na época em que me decidi a ser terapeuta, fosse a idéia de que esta era a única possibilidade viável de eu ser um profissional liberal, que se conjugava com meu fascínio pela Psicanálise.

Ieda: Como foi, no início?

Elias: Que início? Eu tive vários inícios. Lembro-me claramente de meu começo na Clínica da Universidade, ainda durante o curso. Nessa época, eu me sentia basicamente confuso. E hoje, quando penso nesse período, acho que eu tinha todo o direito de me sentir confuso. Não é de fato possível pedir a alguém para ser terapeuta comportamental, rogeriano e trabalhar numa linha analítica *ao mesmo tempo*, sem produzir uma enorme confusão. Acho essa demanda contraproducente, embora eu entenda que as escolas tenham poucas alternativas para lidar com este problema e evitar uma atitude dogmática. Posteriormente, quando comecei a trabalhar numa linha analítica, eu me sentia muito ansioso, pois achava que tinha de entender o que estava ocorrendo com aquele paciente naquele momento e fazer algo para aliviar seu sofrimento. Isto resultava, no mais das vezes, numa intervenção classificatória. A tendência era dizer que o paciente estava com raiva, agressivo, cooperativo etc. Isto não ajuda a aliviar a ansiedade do paciente, ao contrário. O problema estava em eu achar que deveria saber o que estava se passando, na minha incapacidade de tolerar a incerteza. De certa forma, a tarefa a que eu me propunha era mais fácil... Mas trazia em si uma impossibilidade de sucesso. E eu sabia disso. Eu tinha uma noção vaga no início, mais clara posteriormente, de que não era possível continuar a trabalhar do jeito como eu estava trabalhando. É nesse ponto que muita gente desiste de ser terapeuta. Nesse momento, eu decidi fazer meu treinamento analítico e submeter-me a uma análise que eu sabia que seria muito longa.

Ieda: Você acha que mudou, no decorrer dos anos?

Elias: Eu mudei sobretudo no sentido de ser mais capaz de tolerar, não saber o que está se passando numa sessão, em minha capacidade de tolerar a incerteza. Bion descreve essa capacidade usando uma terminologia de Keats: *negative capability*. Evidentemente o que estou dizendo não pode servir de justificativa para o analista tornar-se uma pessoa inativa na sessão. Tolerar a incerteza significa ser ativo na busca do sentido do que o paciente traz para a sessão, sabendo que nenhuma resposta vai ser obtida por um longo período e sendo capaz de tolerar a impossibilidade de entender o que está ocorrendo, mantendo minha capacidade de pensar intacta.

Ieda: Como você sente a influência do fato de ser terapeuta em sua vida pessoal, no dia-a-dia e em longo prazo?

Elias: É difícil cobrir todos os aspectos dessa questão num curto espaço de tempo. Ser terapeuta significa que meu principal instrumento de trabalho é minha personalidade. Por essa razão, nós somos treinados não somente clínica e teoricamente, mas também por meio de uma análise pessoal prolongada (cerca de cinco a oito anos na Inglaterra). Nessa análise, problemas conhecidos e desconhecidos devem emergir e devem ser integrados novamente na personalidade, depois de transformados pelo processo analítico. Isso deve ocorrer com vistas a tornar-nos mais receptivos à multidão de problemas com os quais somos confrontados na clínica, que incluem a experiência com ansiedades psicóticas e *borderlines*. Em nosso treino, somos forçados a ser, ao mesmo tempo, mais sadios e mais perturbados e ansiosos por certos períodos. Essa experiência nos dá a possibilidade de ganhar conhecimento e experiência sobre nós mesmos, de maneira a poder entender nossos pacientes. A família mais imediata, os amigos mais próximos, pagam um preço ao conviver conosco. Às vezes somos mais difíceis, mas também creio que mudamos para melhor, nos tornamos mais sensíveis, mais preocupados com os outros. Eu passo o dia trabalhando em algo que faz com que meus sentimentos, experiências passadas estejam mais disponíveis, como condição de que eu seja mais efetivo em meu trabalho. Nesse sentido, acho que nossa personalidade difere da dos não-terapeutas. Algo que poderíamos chamar de uma "repressão normal" nunca chega a ocorrer completamente conosco. O resultado disto é que combinamos uma maior tolerância, uma maior sensibilidade, com uma menor tolerância (ou uma maior responsividade) a certas experiências da vida cotidiana, no contato com a família, amigos. Quando digo que sou mais sensível e mais tolerante na minha relação com as pessoas mais próximas, não quero dizer que confunda minha função de terapeuta com a função de pai, marido, irmão, amigo. Tenho muito claro que Psicanálise só se pode fazer dentro de um *setting* muito bem determinado e homogêneo, de maneira que possamos ter acesso às fantasias inconscientes de nossos pacientes. Se não estamos nesse *setting*, uma "interpretação" perde o sentido. Neste aspecto acho que é fundamental separar meu trabalho analítico, que se dá num *setting* muito bem determinado, e minhas relações pessoais, que nada têm a ver com minha função de psicanalista.

Ieda: Elias, em termos internos, quando você está num período mais difícil de sua vida, como você lida com o fato de ter de atender?

Elias: Esse é um problema muito sério para quem usa como instrumento fundamental de trabalho a própria personalidade. Basicamente, procuro ter o mais claro possível como é que essa situação difícil está me afetando, que sentimentos desperta, como estou reagindo... Isso nem sempre é fácil, evidentemente. O que faço depende do grau em que eu estiver afetado. Não é a mesma coisa estar deprimido porque eu me desentendi com alguém ou estar preocupado com uma doença séria do filho. Sabendo como o problema está me afetando, que sentimentos me desperta, eu já tenho mais condições de observar como o problema está afetando meu paciente. Nesses períodos, eu tenho de estar particularmente atento para possíveis repercussões em meus pacientes, fruto de uma alteração do tom de minha voz, de uma maneira mais excitada, de um tom mais frio etc. É fundamental que eu seja capaz de reconhecer no material de meu paciente o que é, por exemplo, uma pura fantasia de sua parte e o que é uma observação acurada de algo que está se passando comigo. É deletério para o paciente que eu interprete algo como projeção, quando se trata de uma observação muito acurada do paciente, sobre um estado interno que ele observa. Isto não quer dizer que eu passe à confissão de meu estado de espírito. Isto também, a meu ver, é prejudicial ao paciente. Eu simplesmente deixo em aberto para o paciente a possibilidade de que ele esteja descrevendo um estado corretamente ou sendo crítico justificadamente e procuro, então, entender o sentido para o paciente de suas observações ou críticas ou ainda preocupações. O pior estado, em minha profissão, é aquele que leva a um distanciamento emocional, a uma falta de contato com os próprios sentimentos, porque este estado leva a uma impossibilidade de interpretar ou a interpretações teóricas, distantes. Nesses casos, tento mobilizar toda minha energia para sair deste estado. Se estou em análise, a coisa fica mais fácil, pois tenho onde trabalhar minha dificuldade. Se não estou e o estado persiste, creio que este é o momento de discutir o material dos pacientes com um colega mais experiente. Minha regra básica, entretanto, consiste em me tornar o mais atento que posso na observação do material trazido pelos pacientes, de maneira que eu possa notar como meu estado de espírito está interferindo neles. Nunca senti necessidade de parar de atender devido a uma situação pessoal mais séria. Não acho que isso seja conveniente, pois parar de atender é uma comunicação em si para os pacientes.

Paulo: Gostaria que você falasse um pouco mais sobre como você usa sua personalidade como instrumento fundamental de trabalho. "Minicontágio" como fonte de esclarecimento do sentido? Associações pessoais, outras formas de ser "impactado" pelo cliente?

Elias: Quando eu me referi ao uso de minha personalidade como meu instrumento fundamental de trabalho, eu estava me referindo ao conceito de contratransferência, tal qual este termo é empregado por Paula Heiman e utilizado pelos analistas kleinianos. Bion sugere que, quando duas pessoas se encontram, elas desenvolvem uma relação, quer elas queiram ou não. Heiman, em 1950, introduziu uma idéia nova no campo da técnica psicanalítica, ao sugerir que a resposta emocional do analista dentro da situação analítica representa um de seus principais instrumentos de trabalho. Paula Heiman sugeriu que a descoberta feita por Freud dos mecanismos de resistência se deu graças ao seu uso da contratransferência. Ele, sem nunca ter sido explícito a este respeito, parece ter evoluído de um ponto em que considerava a contratransferência um obstáculo ao trabalho analítico, para um ponto de vista em que esta passou a ser considerada como um fator que ajudava a compreender o que estava se passando com o paciente. Heiman foi a primeira analista a formular isto explicitamente. Sabe-se hoje que mesmo Melanie Klein, nesta época, se opôs à publicação de seu artigo. Hoje em dia, a técnica kleiniana é inconcebível sem a utilização da resposta emocional do analista ao efeito que o paciente tem sobre este durante a sessão analítica. Vou tentar ser mais explícito a respeito de como esta resposta é usada na sessão. Atualmente, um analista kleiniano, e eu me enquadro nesta perspectiva, por definição, acredita que tudo que ocorre na sessão analítica é parte da transferência. Neste sentido, eu fico atento não apenas àquilo que o paciente está me dizendo em termos de conteúdo manifesto, mas também para o *uso* que ele está fazendo de mim como analista. Beth Joseph (1984) acentua a importância de entender a transferência a partir de como nossos pacientes agem sobre nós de forma a nos fazer entender determinados sentimentos pelas mais variadas razões. Deste modo, estaria correto dizer que o paciente não projeta *sobre* o analista, mas *dentro* do analista. Ele age sobre a mente do analista. Deste ponto de vista, a contratransferência não é apenas parte da relação analítica, mas é uma criação do paciente e parte de sua personalidade. O psicanalista, desta forma, não é concebido como um ser mecânico capaz de produzir interpretações com base puramente em seu conhecimento teórico, mas deve ser capaz de receber o impacto emocional do paciente e *pensar* sobre este. Sua atitude é oposta à do paciente, que descarrega seus sentimentos no analista. Entre outras razões, é devido a esta função que é esperada do analista que este deve analisar-se por longos anos para desenvolver uma capacidade emocional extensa e ser capaz de conter, na linguagem de Bion, os sentimentos do paciente, pensar sobre eles e devolvê-los de maneira mais aceitável, mais compreensível ao paciente. Eu não penso que o analista deva assumir os papéis que o paciente lhe atribui, mas estar consciente destes para poder interpretar. Esta atitude nada tem a ver com confessar ao paciente o que estamos sentindo. Nada é mais antiterapêutico, na minha opinião, do que dizer ao paciente que neste momento ele está confundindo o analista, entristecendo, deprimindo etc. Isto simplesmente sobrecarrega o paciente com sentimentos que não pertencem a ele. Ele pode estar confuso, por exemplo, e querendo comunicar ao analista a sua confusão, criando neste um sentimento contraditório, uma experiência de não saber exatamente do que o paciente está falando. O analista, contudo, não deve confundir-se de fato, mas interpretar a comunicação, a maneira como a confusão é criada, e esperar para ver se o paciente é capaz de trazer mais dados para que se possa entendê-la. Rosenfeld e Segal, por exemplo, acentuam que o paciente responde às interpretações, não apenas como instrumentos que lhe permitem uma maior consciência do sentido de seus processos inconscientes, mas também, se não principalmente, do estado mental do analista, da sua capacidade de reter – conter – calmamente os sentimentos projetados e de focalizar os aspectos principais de seus processos conscientes e inconscientes. De acordo com Bion, é a capacidade da mãe – que ele chama de *rêverie* – de tolerar e transformar os sentimentos da criança em algo tolerável e conhecido que permite um desenvolvimento da capacidade de pensar e de tolerar a realidade, principalmente sua realidade psíquica. Neste sentido, o paciente introjeta não apenas um sentido das interpretações, mas também um analista capaz de pensar, uma "mente pensante". Como analistas, supõe-se que temos sentimentos e que os submetemos à nossa capacidade de pensar. Assim, não somos neutros, como enfatiza Segal, no sentido de não termos reações emocionais. Eu não estou de acordo com um termo utilizado por você, como "minicontágio", no sentido de que se trata exatamente disto de que, a meu ver, o analista deve fugir. O analista não deve deixar-se contagiar ou infectar pelos sentimentos do paciente, mas deve ser capaz de percebê-los emocionalmente e pensar sobre eles. Seguindo a analogia sugerida pelo termo "contágio", o analista, a meu ver, deve estar consciente dos sintomas que o paciente quer produzir em sua mente, por meio do contato emocional com o paciente, sem deixar que sua mente seja dominada por estes sentimentos. Também não sou a favor, ou pelo menos não é assim que eu trabalho, de me deixar dominar por associações pessoais, que possam fazer parte de minha experiência, mas que nada têm a ver com o paciente. Eu estou ciente de que é mais fácil dizer que deve ser assim, do que se comportar dessa maneira. Ainda aqui, é a análise pessoal do analista que o terá ajudado, ou não, a ser capaz de diferenciar entre seus sentimentos privados, que nada têm a ver com o paciente, e aqueles que estão sendo projetados dentro de sua mente pelo paciente. Eu estou consciente da sutileza dessa diferenciação. Mas é preciso ter em mente a necessidade de fazer permanentemente esta diferenciação. Segal comenta que a contratransferência pode ser o melhor dos servos, mas o pior dos mestres. Eu estou ciente também de que o paciente vai internalizar aspectos do analista como uma pessoa real. Vou tentar ilustrar o

SER TERAPEUTA

que disse acima com um exemplo clínico. Estou pensando num caso, relatado recentemente, no qual a paciente era alguém difícil, esquizóide, isolada e difícil de ser ajudada. A analista apresentou uma sessão, na qual ela parecia ter interpretado de forma sensível, competente, que parecia fazer sentido para a paciente, parecia satisfazê-la, produzia uma concordância explícita... No entanto, a analista sentia-se insatisfeita. O seminário sugeriu diversas outras maneiras de interpretar o mesmo material, sugeriu alguns reparos às interpretações da analista, mas o clima geral que predominava era de insatisfação. Nessa altura, *Miss* Joseph (este caso é relatado por ela num *paper* lido na Sociedade Britânica de Psicanálise) apontou para o fato de que este era o sentimento que estava sendo comunicado na transferência, que era isto que deveria ser interpretado. Segundo ela, a paciente estava projetando um mundo interno, no qual a paciente se sentia incapaz de entender o que se passava, no qual nada fazia sentido, e provavelmente estava demonstrando o que é ter uma mãe que nunca conseguia colocar-se em harmonia com o que estava se passando com ela, mas se comportava *como se* fosse capaz de entender, assim como o seminário e a analista estavam fazendo. Na sessão, a paciente convidava a analista a interpretar de maneira aparentemente lógica, que fazia sentido, mas na realidade não satisfazia a ninguém, e tinha por fim *silenciar* uma experiência de incompreensibilidade, que fornecia à paciente algo no que se segurar de maneira a manter-se aparentemente integrada. Na interpretação, deve ser comunicado ao paciente o tipo de interpretação que ela está convidando (aparentemente muito razoável, tendo em vista as associações individualmente consideradas), sua reação a esta quando dada (uma aparente aceitação) e a função que ela parece ter (a de silenciar uma experiência de incompreensibilidade). Nada deve ser dito, a essa altura, referente a seu possível contato com a mãe que, por enquanto, é mera especulação. Eu escolhi este exemplo porque ilustra o fato de a contratransferência não ser um fenômeno apenas individual. O grupo que estava reunido para considerar o material se sentiu e se comportou da mesma forma que a analista, individualmente, na sessão.

Paulo: Que prazer, que sentido, que gratificações você tem no seu trabalho?

Elias: Esta pergunta é muito difícil de ser respondida de forma sucinta, sem parecer pedante. Eu acho que a maior parte do prazer e da gratificação que eu sinto como analista, a mais genuína, é experimentada primeiro inconscientemente e sentida no plano consciente a longo prazo, sob a forma de um bem-estar geral, certa tranqüilidade interna. Money Kyrle, ao referir-se a este problema, acentua que o interesse pela função analítica deriva não apenas de uma curiosidade sublimada, mas principalmente de desejos reparativos e parentais, no sentido de querer cuidar do paciente como representante inconsciente de uma criança em nós mesmos, ou da criança que fomos, ou ainda como uma forma de restaurar um objeto interno que foi danificado. Dando um exemplo para ilustrar, Breman Pick recentemente comentou que quando nós mostramos a um paciente (estou pensando num caso específico) que ele se torna sádico quando se sente negligenciado, ou que ele se identifica com o objeto que o está negligenciando e falha na sua capacidade de perceber um *self* mais necessitado e infantil, a interpretação vai conter uma projeção nossa, de nosso desejo de proteger o bebê (o *self* infantil, necessitado) de uma parte sádica. Neste sentido estamos, de um lado, exercendo nossas funções parentais, de outro, protegendo um aspecto infantil nosso de uma parte sádica e, ao mesmo tempo, reparando, por meio do paciente, aspectos nossos que foram submetidos a uma crueldade interna. Estes processos não são conscientes, eu não sei disto enquanto estou trabalhando, minha vivência do momento é outra. A gratificação aparecerá posteriormente sob a forma de um bem-estar, de paz interna. Estou referindo-me a isto para diferenciar de uma sensação consciente de gratificação que eu possa sentir enquanto estou com o paciente e experiencio conscientemente. Esta deve ser objeto de meu escrutínio, pois pode ser uma comunicação do paciente. Isto ficou ilustrado no exemplo anterior. A gratificação, naquela situação, era uma experiência comunicada pelo paciente no sentido de silenciar no analista um desconforto produzido por uma sensação de incompreensibilidade. De forma geral, eu desconfio muito quando me sinto muito gratificado durante a sessão, quando me sinto muito contente com o trabalho analítico que estou fazendo naquele momento. Eu tendo a entender tudo que ocorre na sessão como uma comunicação do paciente. A gratificação que eu sinto em curto prazo no meu trabalho analítico está mais ligada a me sentir bem-sucedido. E agora eu passo a responder à sua pergunta a respeito deste assunto. Eu me sinto bem-sucedido quando vejo o paciente usar minha interpretação para produzir mudanças internas, as quais nem sempre resultam imediatamente em maior felicidade para o paciente. Às vezes mudar é extremamente doloroso. A mudança a que eu viso é antes de tudo uma mudança interna, que permite um maior enriquecimento da vida de fantasia, uma maior liberdade interna. Por exemplo, eu me senti extremamente bem-sucedido quando um paciente esquizofrênico, depois de quatro anos de análise, me trouxe seu primeiro sonho. Ele aparentemente nunca tinha sonhado ou tido a experiência consciente de sonhar. Seu pensamento era predominantemente concreto. O seu sonho representou um grande progresso no sentido do desenvolvimento de sua capacidade de simbolizar e, portanto, representou um grande avanço dentro de seu mundo interno. Agora, o sonho em si mesmo era um pesadelo, que produziu muita dor. Isto também me fez sentir muito bem-sucedido. De um estado quase permanente de ausência de emoções, ele agora estava sentindo dor. Estou pensando em outro paciente que estava muito zangado comigo e disposto a interromper sua análise, de fato me comunicando que aquela era a última sessão, já que eu não o ajudara em nada, pois estava se comportando exatamente como sempre havia feito. Ele então reportou que na véspera se havia comportado de uma maneira que atraiu a raiva de todos, se viu ridicularizado, objeto de deboche, tudo porque eu não tinha sido capaz de mudar nada, ele não tinha sido capaz de prevenir certo tipo de comportamento que o tornava ridículo aos olhos de todos. Por isto, ia interromper a análise naquele dia, esta era a última sessão. Neste momento, por mais paradoxal que possa parecer, eu me senti muito, muito bem-sucedido. Vou explicar por quê. Este paciente tinha vindo a mim dezesseis meses antes, porque os *outros* não o agüentavam mais. Seu chefe imediato havia dado um ultimato: ou ele concordava em tratar-se ou seria removido de setor. Ele estava com muita raiva do chefe e de todos e acreditava que seu problema era sua raiva, sua ira crônica, que o levava sempre a brigar com as pessoas. Ele queria fazer análise para poder controlar-se melhor. Ora, nesta sessão a que me refiro, há uma grande mudança. Agora não são mais os outros que o transformam no objeto de deboche, ele sente que não foi capaz de se controlar e produziu uma situação que o transformou no objeto do desdém e da raiva dos outros. Ele foi publicamente humilhado ao sofrer uma advertência de seu chefe. Mas ele produziu isto. Eu lhe apontei que ele estava muito zangado comigo porque eu não tinha sido capaz de protegê-lo de uma visão de si mesmo muito dolorosa. Agora ele se via como aquele que produzia a raiva no chefe, o riso dos outros, a experiência de humilhação; e ele agora também via que foi desta forma que uma parte de si mesmo o tratou durante muitos anos. Minha interpretação produziu um alívio imediato. Ele ainda estava muito ferido, muito triste (mas não mais perseguido), estava com lágrimas nos olhos e com muita raiva, mas agora sabia que era ele que o levava a se comportar desta maneira. Ele não interrompeu a análise e alguns dias depois produziu um sonho, no qual este aspecto que o transformava no objeto do desdém de todos aparecia claramente.

Paulo: Que tipo de cliente, que situação de cliente o angustia, preocupa, sobrecarrega?

Elias: Clientes potencialmente suicidas, clientes que se automutilam, clientes anoréxicos que me colocam de espectador de um processo autodestrutivo. Clientes propensos ao *acting out*, que se envolvem com a polícia e me colocam numa situação muito difícil.

Minha postura analítica me impede de intervir diretamente de forma não interpretativa, naturalmente dentro dos limites toleráveis. Eu não permito que um paciente se suicide na minha frente, não apenas por razões de caráter humanitário, mas porque analiticamente não é correto... Eu ficaria sem o paciente para ouvir a minha interpretação. Eu não intervenho, na medida do razoável, para poder analisar os sentimentos que o paciente está comunicando, por exemplo, ao submeter-me a um estado de tensão extrema. Isto é uma comunicação, isto é o que está ocorrendo dentro dele, e entender quem está fazendo o quê, a quem e por que motivo, com que efeito sobre si mesmo e sobre a outra parte, é o aspecto fundamental do meu trabalho analítico.

Paulo: Respondendo à terceira pergunta da Ieda, você sublinhou a expressão *ao mesmo tempo*. Mas, com o decorrer do tempo, o que você pensa? Seu "treino de observação" ajudou-o em suas possibilidades de atenção? Ou a tolerar a impossibilidade de entender? "Treino de empatia e não-diretividade" ajudam a esclarecer o significado emocional de uma comunicação ou mesmo ampliam as possibilidades de acompanhar sem entender, até que as coisas se esclareçam?

Elias: Sem dúvida, foi uma experiência importante, mas somente depois de entendida. Não é uma experiência que eu recomende. Trabalhar em diversas perspectivas ao mesmo tempo não ajuda. O que não é o mesmo que afirmar que não é importante trabalhar em diversas perspectivas. O trabalho analítico exige uma postura emocional muito diferente da exigida do terapeuta comportamental ou rogeriano. Não me parece possível mudar mecanicamente de perspectiva de uma hora para outra. Às vezes literalmente das 3:45 às 4:45. Não creio que a "não-diretividade" da técnica rogeriana seja equivalente a uma postura neutra do analista. E o perigo é exatamente este, confundir as duas atitudes. O analista, sendo neutro, é profundamente diretivo no sentido de visar a uma mudança interna, ao mostrar certas maneiras de relacionar-se do paciente e as conseqüências que estas têm para si mesmo e para os objetos de suas condutas emocionais, sejam esses objetos internos ou externos. Eu também não chamaria de "empatia" a atitude do analista, embora esteja consciente da dificuldade de estabelecer as *nuanças* necessárias, sobretudo respondendo sucintamente à sua pergunta. Ser objeto de projeções e viajar para dentro do paciente são processos diferentes. Eu sou simpático à dor do paciente, mas nem sempre à maneira como ele trata a si mesmo ou aos seus objetos internos e externos. Eu sou simpático à dor que representa viver num mundo de pesadelos, como é o mundo de um sádico, e procuro entender como é difícil para esse sádico tolerar toda a crueldade que existe internamente e sua necessidade de externá-la, mas eu não me sinto simpático nem empático a ele, como sádico. Agora, colocado como você coloca, em termos gerais, eu concordo com você que "treino de empatia e não-diretividade" ajudam a entender o significado emocional de uma comunicação, mas cada técnica o faz de uma perspectiva diferente. Ser treinado em técnicas diferentes ao mesmo tempo me parece contraproducente. E, dentro de minha perspectiva analítica, não existe treino melhor para compreender o significado emocional de uma comunicação do que a própria análise.

Paulo: A respeito de nossos limites pessoais como terapeuta: você escolhe seus clientes? Como? Trabalha melhor com alguma situação particular do cliente, se somos terapêuticos para algumas pessoas e não para outras?

Elias: Eu procuro escolher os meus clientes dentro de certos limites e na medida em que isto é possível. Eu procuro, por exemplo, não ter em análise mais do que um psicótico porque o psicótico exige muito de mim. Eu procuro não ter muitos pacientes que exijam muito, emocionalmente, de mim em horários seguidos. Não é possível, a meu ver, trabalhar com dois suicidas, um anoréxico, três psicóticos, dois perversos e um depressivo profundo ao mesmo tempo. Um analista com uma clientela assim não sobrevive emocionalmente, não trabalha bem. Isto posto, devo dizer que fazer estas escolhas nem sempre é fácil. Um paciente pode ter uma crise psicótica no decorrer de uma análise, coisa que não era previsível na entrevista inicial ou no primeiro ano de contato. Um paciente traz aspectos anoréxicos, perversos e suicidas para a análise. Alguns podem até tornar-se potencialmente suicidas no decorrer da análise. E isto não é sempre previsível. Eu já tive um paciente que tomei como se fosse um caso de neurose e que, no decorrer das primeiras sessões, me contou que, além do que já me tinha dito, era também adicto a drogas, alcoólatra, sexualmente perverso, e não havia mencionado nada disto anteriormente com medo de que eu não o tomasse em tratamento. É claro que eu não interrompo o tratamento de um caso assim, embora possa modificar certos aspectos do arranjo, como exigir que ele seja periodicamente controlado por um colega psiquiatra. Também, por interesses pessoais, procuro ter (ou pelo menos tenho o ideal de ter) um número balanceado de pessoas do sexo masculino e feminino. Agora, estas são condições absolutamente ideais. Quem tem poucas indicações de casos não pode escolher. Quando a gente precisa ganhar dinheiro no fim do mês para sobreviver, a gente tende a pegar o que é possível, mas mesmo neste caso eu advertiria contra a tentação de pegar muitos pacientes muito perturbados ao mesmo tempo. Além disso, procuro distribuir, ao longo de meus horários, pacientes que exigem mais de mim, por serem mais perturbados, e pacientes que exigem menos. Também procuro não começar muitos casos novos ao mesmo tempo.

Quanto à segunda parte de sua pergunta, acho que é verdade que nós trabalhamos melhor com certos pacientes do que com outros. Há neste sentido "melhores casamentos analíticos" e "piores casamentos analíticos". O diabo é que a gente não sabe, de antemão, como o casamento vai ser. Somente muitos anos de experiência permitem uma maior sensibilidade a este respeito. Eu já experimentei relações analíticas que pareciam (e às vezes ao paciente também) um "péssimo casamento analítico". Afortunadamente eu estava e estou ainda em análise e pude levar o problema para minha análise e entender onde o "casamento" pegava... Claro que isto às vezes leva meses, anos até, mas para mim foi de grande ajuda poder entender por que certos pacientes, certos sentimentos me paralisavam mais do que outros. Eu também acho que devemos ter cuidado ao pensar que os "bons casamentos analíticos" são nossos bons casos, que idealmente só deveríamos tomar estes. Um "bom casamento" pode ser também uma forma de manter sob controle certas áreas da nossa personalidade e da personalidade do paciente que não se casam com ninguém e seriam muito perturbadoras se lhes fosse permitida a manifestação. Uma análise passa por muitas fases. Um "bom casamento" inicial pode tornar-se péssimo e vice-versa, e isto ocorre com freqüência. A meu ver, estas fases são muito úteis, pois permitem analisar quais elementos da minha personalidade como pessoa real ou fantasiada produzem o bom ou o mau "casamento", como o paciente reage a estes, o uso que faz deles etc.

Por fim, eu trabalho melhor quando o *setting* analítico é claro, isto é, quando fica claramente estabelecido na minha cabeça e, de preferência, na cabeça do paciente também que minha relação é com ele, em determinados horários, durante tais e tais meses do ano, que eu não tenho nada a dizer para a mulher, o marido, a mãe ou a avó do paciente; quando meu contrato de honorários é claro e não envolve subentendidos; quando não tenho contatos pessoais presentes ou anteriores com o paciente, ou amigos próximos comuns etc.

Paulo: Como a maior ou menor freqüência das sessões interfere em você e no cliente, se é que interfere?

Elias: Eu acho que a freqüência das sessões vai determinar o tipo de material com o qual você vai entrar em contato. Eu já trabalhei uma, duas, três, quatro, cinco vezes por semana. Atualmente trabalho apenas cinco vezes por semana, com uma única exceção (um paciente que vejo quatro vezes por semana). Eu não pretendo dizer que terapias de uma, duas ou três vezes por semana não ajudem o paciente. Elas ajudam e muito. Também não acho que uma perspectiva analítica deva ser abandonada numa terapia de uma ou duas vezes por semana. Acho que, quanto menos vezes eu vejo um paciente, mais difícil é trabalhar, tanto para mim como para o paciente. Acho que a experiência de ser entendido por alguém modifica a vida do paciente, ocorra isto uma vez ou cinco vezes por semana. Vendo um paciente cinco vezes por semana, eu acompanho em detalhe os seus processos inconscientes, quando estes são acessíveis, as suas respostas às minhas interpretações, o uso que foi feito destas. O paciente se sente mais amparado, o perigo de um *breakdown*, de um suicídio, é menor. O paciente se sente mais contido emocionalmente. E, para mim, a grande diferença está no material ao qual você tem acesso. É evidentemente diferente quando você vê um paciente cinco vezes por semana, por quatro, cinco, sete anos, do que quando você vê um paciente por um ou dois anos, uma vez por semana. Quanto mais freqüente o contato, mais acesso você tem a ansiedades mais primitivas, mais psicóticas; e mais condições você tem de compreendê-las e de lidar com elas. Estou consciente de que existem divergências nesta área. Há analistas que aconselham um menor número de sessões para pacientes claramente *borderlines*, para prevenir a manifestação de uma psicose. Outros, pelo contrário, e eu me classifico entre estes, acham que a melhor maneira de impedir uma ansiedade de tornar-se incontrolável é entendê-la e interpretá-la. Se sou capaz ou não disto é outro problema. Novamente eu estou falando de condições ideais. Há a realidade objetiva a ser tomada em conta. Não é possível para todo mundo vir cinco vezes por semana a um analista por vários anos, seja por razões econômicas, de trabalho, familiares etc. Eu acho que é melhor ver alguém uma, duas, três vezes do que não ver. É preciso não confundir, entretanto, um problema técnico com um problema social. No mais das vezes, os terapeutas vêem seus pacientes menos freqüentemente devido a limitações externas e não por uma questão teórica, embora, como já disse, haja pessoas que também pensam diferentemente a este respeito. Os argumentos dessas pessoas são ponderáveis em muitos casos e me fazem pensar, mas, ainda aqui, o tipo de fenômeno que eu e estes outros terapeutas queremos observar é diferente.

Paulo: Alguns casos que tenham sido especialmente marcantes nesses seus doze anos de trabalho?

Elias: Um caso é marcante por diferentes razões. Às vezes, você tem um paciente que, em si mesmo, é uma pessoa notável e você não esquece. Às vezes, a pessoa é alguém famoso no mundo das artes, no mundo acadêmico, mas nem sempre isto quer dizer que o caso é interessante. A perspectiva do analista é diferente da perspectiva social. Há pessoas que socialmente são interessantíssimas e analiticamente chatíssimas, porque apresentam sempre os mesmos mecanismos ao lidar com suas emoções. O conteúdo do que estão dizendo pode ser muito interessante, mas ser interessante pode ser uma maneira de prevenir um contato emocional. Há pessoas socialmente chatas que analiticamente são muito interessantes. É inte-

78 — IEDA PORCHAT . PAULO BARROS

ressantíssimo entender analiticamente como um chato consegue ser sempre chato. Há pessoas notáveis neste sentido. Há casos marcantes pelos seus aspectos anedóticos. Há casos marcantes pelo tipo de patologia e pelos tipos de mecanismos mentais que subjazem a estas. É muito difícil para mim citar aqui casos marcantes, seja pelo pouco espaço, seja por serem confidenciais.

Paulo: Sendo um terapeuta brasileiro que atende estrangeiros, como você se sente na relação, em termos de diferença de culturas?

Elias: Ser um terapeuta brasileiro significa, também, que eu tenho muitos pacientes brasileiros. Mas também tenho ingleses e franceses. Eu mesmo fui e sou um paciente brasileiro de um analista alemão que vive em Londres (Dr. H. Rosenfeld). A meu ver, as diferenças culturais são superficiais. Elas se referem ao conteúdo, mais do que à forma de funcionamento mental. O homem é também um animal. O fígado de um inglês funciona da mesma forma que o fígado de um brasileiro, ainda que este esteja submetido a alimentos muito diferentes. Ao longo do tempo, estas diferenças de alimentação vão levar a manifestações patológicas hepáticas diferentes. Mas, se ambos tivessem a mesma doença, os processos orgânicos subjacentes seriam os mesmos. A meu ver, isto pode ser aplicado à mente humana também. Os conteúdos, as preocupações, o tipo de emoção que é valorizado, são diferentes entre seus diversos pacientes. Mas seus inconscientes funcionam da mesma forma, ainda é o mesmo inconsciente descrito por Freud. É evidente que, às vezes, eu me sinto culturalmente deslocado. O tipo de literatura infantil, mesmo o tipo de cultura literária e figuras literárias aos quais meus diversos pacientes são submetidos são diferentes e nem sempre familiares a mim. Mas o paciente, sabendo que você é estrangeiro, ainda que não saiba a sua nacionalidade, tende a explicar a você as diferenças culturais. Eu penso, como Melanie Klein, que a qualidade das relações do indivíduo com a realidade externa depende da qualidade das relações com os objetos internos. A minha realidade externa e a de meus pacientes são muito diferentes, mas eu estou interessado no seu mundo interno; as ligações com a realidade externa, eu as faço com a ajuda de meus pacientes. Uma vez, eu tive um paciente hindu, de uma cultura minoritária, onde as relações de parentesco nada tinham a ver com as conhecidas no Ocidente. Com este paciente, além de ser impossível para mim guardar os nomes de seus amigos e parentes, nem sempre ou até quase nunca era claro para mim quem era a pessoa que ele chamava de "tia". Por exemplo, uma "tia" com a qual ele teve relações incestuosas, que produziam uma enormidade de ansiedades, do ponto de vista ocidental nem parente era: não havia qualquer relação genética entre meu paciente e esta "tia". No entanto, pesava sobre esta relação um pesado tabu. Mesmo neste caso, eu sentia que seus processos inconscientes não diferiam dos observados em meus pacientes ingleses, desde que eu mantivesse presente a perspectiva cultural. Não adiantava, por exemplo, eu pensar que eram ilusórias suas preocupações incestuosas em relação a essa tia quando, em sua cultura, não o eram. As ansiedades provocadas por essa relação incestuosa não eram a projeção, simplesmente, de fantasias incestuosas em relação à mãe (embora, naturalmente, houvesse ligações); elas existiam em si mesmas, ainda que essa "tia", de meu ponto de vista, não fosse parente. Neste caso, o entendimento de sua cultura era difícil para mim e não existia imediatamente disponível na minha cabeça, mas este é um caso extremo.

Um aspecto que me parece ligado a este é a questão da língua. Eu atendo pessoas em português, inglês e francês. As formas de expressar emoções nessas línguas são diferentes. Minha linguagem psicanalítica é o inglês, língua na qual tenho minha análise, fiz meu treino, li a maior parte da literatura etc. O português é minha língua materna, na qual os sentidos implícitos estão automatizados em mim. O francês é uma língua que domino com grande fluência, maior até do que o inglês, mas que não é nem minha língua materna, nem minha língua analítica. Eu me sinto diferente, trabalhando nessas três línguas e, em certos momentos, eu me pergunto se em cada uma delas eu não perco alguma coisa. Em diversas ocasiões, em minha análise pessoal, eu exprimi um sentimento em inglês e depois disse a mesma coisa em português, mesmo sabendo que meu analista não entendia o português. E isto ajudou muito. Mas a grande diferença está nos aspectos expressivos, não no conteúdo inconsciente. Eu acho que a relação entre línguas diferentes e emoções é um campo de estudos fascinante.

Paulo: Existe aí nos seus pacientes alguma problemática mais comum, advinda das circunstâncias socioculturais em que eles estão imersos? Por exemplo, aqui, na época da repressão, surgiam muitos pacientes com angústias e medos diretamente ligados a esse contexto histórico-social nosso.

Elias: Existe uma distribuição diferente dos quadros mentais nos diferentes países, em diferentes momentos históricos. Assim, os tipos de problemas que uma sociedade repressiva e uma sociedade que favorece o isolamento social (como a inglesa) ensejam vão produzir sintomas muito diferentes e quadros mentais diversos. Se você vive numa sociedade onde a realidade externa o submete a uma situação real de perseguição e terror, isto certamente vai produzir não apenas queixas específicas, sintomas específicos, mas determinadas patologias vão ser mais freqüentemente despertadas. Não é fácil, contudo, explicar a relação entre a realidade externa social e a distribuição epidemiológica. Alguém que foi torturado na realidade, não em fantasia, ou que está sujeito à tortura, se sentirá mais perseguido e mais vulnerável à crueldade. E sentir-se assim poderá ter um valor de sobrevivência. Não se sentir perseguido numa sociedade que persegue constantemente seus cidadãos seria altamente patológico. Isto dito, o analista deve estar atento não apenas ao perseguidor e torturador externo. Alguém que tenha uma figura interna sádica como principal componente da personalidade e outra pessoa que tenha uma figura extremamente doce, cheia de amor, protetora, vão reagir diferentemente à tortura. E é isto que interessa ao analista como analista, não como cidadão. Como cidadãos, ambos foram submetidos a um tratamento idêntico que deve produzir a mesma indignação, a mesma reprovação. Eu não saberia dizer se os quadros com que deparo na Inglaterra são mais freqüentes na Inglaterra ou no Brasil. Por exemplo, na Inglaterra existe muita queixa em relação à solidão, entre meus pacientes estrangeiros, muitas ansiedades relacionadas com problemas de adaptação.

Entre os quadros mais freqüentes, existe muita anorexia (um grande surgimento nos últimos dez anos, atingindo não só adolescentes, mas homens e mulheres de 30, 35 anos), muita depressão profunda, muita adicção a droga, muita perversão sexual, muitos pacientes que submetem os filhos (especialmente bebês) a atos de crueldade.

O papel da psicanálise é diferente na Inglaterra e no Brasil. No Brasil, é comum e até socialmente valorizado alguém procurar um psicanalista. Na Inglaterra, não. Embora o próprio sistema nacional de saúde ofereça o tratamento psicanalítico e muitas companhias de seguro de saúde privadas paguem o tratamento psicanalítico (ao contrário do Brasil), para que isto ocorra o paciente passa por uma série de exames. É preciso que um psiquiatra e um clínico geral recomendem, além de uma junta médica que analisa os relatórios médicos. Isto quer dizer que os pacientes que chegam a mim são em geral muito mais perturbados do que eu imagino que seria a minha clientela no Brasil. Aceitar ser tratado psicanaliticamente tem uma implicação negativa para estes pacientes. É registrado em suas fichas médicas que eles estão sob tratamento analítico, o que significa para muito empregador (até mesmo para as universidades) que aquela pessoa não é, no mínimo, emocionalmente estável. E não há qualidade que os ingleses valorizem mais do que "estabilidade emocional". Nesse sentido, acho que é difícil comparar minha clientela na Inglaterra com o que seria minha clientela no Brasil. Por outro lado, nessa discriminação do paciente psicanalítico, há um fator positivo: quando a necessidade do tratamento psicanalítico é reconhecida, tanto o serviço nacional de saúde como as companhias de seguro privadas pagam o tratamento. E pagam bem. Para se ter uma idéia, as companhias de seguro privadas pagam até US$ 50 por sessão, durante três anos. Isto torna a psicanálise mais disponível para quem dela precisa, independentemente de sua condição social. Nesse sentido, de meu ponto de vista, eu também tive uma experiência muito interessante, que é a de analisar pessoas que nunca ouviram falar em psicanálise, Freud, inconsciente, complexo de Édipo etc. E elas aproveitam, descobrem a realidade de um mundo psíquico, valorizam o que estão fazendo.

Ieda Porchat

Ieda: Eu não sei o que vai sair. Não estou num momento muito bom para esta entrevista.

Paulo: Tudo bem! Olha, eu tenho um caminho exatamente por aí. Eu estava falando a você que exatamente isto faz parte da nossa vida como terapeutas. Mesmo passando por um momento qualquer, delicado, em que as nossas coisas ficam mais mobilizadas, a gente continua sendo solicitado. Isso me inspira uma primeira pergunta a você: como é que você lida com isso?

Ieda: Olha, Paulo, eu sinto duas coisas que correspondem a duas situações de mobilização emocional diferentes. A primeira situação é aquela em que o que está emocionalmente me perturbando é algo passageiro, circunstancial. Vamos supor uma briga em casa, uma doença de um filho que o preocupa, enfim, essas coisas do cotidiano que às vezes podem aborrecer bastante. Coisas a que todos nós estamos sujeitos no dia-a-dia. Aí eu sinto que ter de atender o paciente me ajuda. Eu sou obrigada a fazer um esforço para sair de dentro de mim, do meu problema, para poder penetrar na problemática, no contexto emocional do outro. Eu acho que esse processo me ajuda, porque não me deixa ficar curtindo durante muito tempo a preocupação que o meu problema suscita. Agora, iniciar esse processo é que é difícil; isto é, nesses dias em que as minhas coisas ficam mais mobilizadas, quando estou para sair de casa para vir atender, eu quereria não vir, porque me sinto sem muita disponibilidade para o Outro. Mas curiosamente, Paulo, o que acontece é que ter condições para o Outro, estar disponível, faz com que as minhas próprias condições melhorem. Isto é, parece que o paciente vai "me chamando", me tirando de dentro de mim; a partir da sala de espera, quando o vejo e começo a captar como ele parece estar naquele dia, eu já começo a ser invadida pela presença dele.

Mas, se a perturbação emocional decorre de coisas bem mais graves, vamos supor a perda de um filho, uma separação, coisas, enfim, que deixam a gente profunda e intensamente mexida emocionalmente, então, nessas situações, eu sinto extremamente desgastante o nosso tipo de trabalho. É como se a minha energia estivesse rebaixada; eu, conservando com esforço a luz da minha vela acesa, e alguém, o paciente, pedindo ajuda, precisando também da luz da minha vela para iluminar o seu caminho. Felizmente esses momentos na vida da gente ocorrem de vez em quando, não é? Nessas situações de crise, eu sinto importantíssimo que nós, terapeutas, entremos em análise. Que tenhamos consciência da necessidade de sermos ajudados, sem o que a qualidade de nosso trabalho é atingida. Pode até ser que certos terapeutas achem que não é necessário eles próprios buscarem ajuda nessas horas. Mas a minha convicção é de que isso é uma auto-suficiência enganosa. Não se pode cuidar bem do outro quando nos sentimos profundamente desamparados. Tentar superar esse desamparo sem ajuda acredito que resulte, por parte do terapeuta, em amparar-se de maneiras sutis e disfarçadas em seus próprios pacientes.

Paulo: Uma outra pergunta, Ieda, ainda dentro desse tema. É o seguinte: você coloca as suas coisas?

Ieda: Não. Muito raramente. Talvez para alguns tipos específicos de pacientes ou em certas situações terapêuticas especiais. Para certos tipos de pessoas cuja constituição psíquica é mais delicada, para quem quase sempre a ligação afetiva com o terapeuta é extremamente importante e, em geral, muito intensa. Para este tipo de paciente, para quem é importante essa proximidade humana, eu, eventualmente, coloco minhas coisas em determinados momentos. Mas, de modo geral, não coloco minhas vivências pessoais. Quem está lá para ser ouvido, compreendido e ajudado é o paciente e não eu. A menos, como lhe disse, que eu julgue que falar das minhas vivências pessoais, em certo momento, possa ser benéfico para ele. Poderia usar as minhas vivências, por exemplo, como um reforço positivo em relação à própria vivência do paciente; isto é, uso de minha autoridade ou poder, se você quiser, como terapeuta, para ajudar a validar a experiência do paciente. Poderia usá-las também para conscientizá-lo do seu papel de vítima diante das contingências da vida. Mostrar a ele que, tanto para o paciente como para o terapeuta, o barco da condição humana é o mesmo. Não há privilégios em termos de sofrimento, cada um de nós tem o seu quinhão. E óbvio, no entanto, Paulo, que isso é apenas uma ajuda que uso dentro do meu trabalho terapêutico com esses pacientes. Seria tão fácil fazer terapia se apenas o uso da pessoa do terapeuta, no sentido em que falei, fosse suficiente para trabalhar as problemáticas do paciente!

Paulo: É, eu estava perguntando isto e é muito curioso o que aconteceu. Eu vou fazer um comentário e disto talvez saia uma pergunta. É gozado, mas eu faço o mesmo que você, com alguns clientes. Percebo que com alguns eu coloco coisas minhas e com outros não. Mas é interessante que, de certa forma, isto que você estava falando, de colocar-se nos casos que são mais delicados, mais graves, eventualmente são os casos em que eu me sinto mais resguardado, entendeu? E coloco menos coisas minhas. Então, foi isto o que o seu comentário suscitou, o contraste.

Ieda: Eu acho que sei por que faço isso em relação a esses pacientes. Quer dizer, no começo de meu trabalho como terapeuta, eu não sabia. Era uma coisa que acontecia. Tenho a impressão de que agora sei. Para mim, esse tipo de paciente é um paciente de extrema sensibilidade, que se sente diferente, muitas vezes se percebe marginalizado, às vezes uma marginalização bastante sutil do ponto de vista social, familiar, humano. Então, é a hora em que eu me coloco diante dele como uma pessoa, embora seja uma terapeuta, que em princípio é alguém considerado como tendo a saúde mental e a autoridade para, digamos assim, tratá-lo. É muito no sentido, talvez, de diminuir esse sentimento de diferença que ele já normalmente sente com as outras pessoas. De desmistificar para ele a pretensa intocável saúde mental que os que o circundam possuem. Quero dizer, eu, que teoricamente estou aqui para tratá-lo, que teoricamente possuo a saúde, eu tenho problemas como você tem também. Acho que é por este motivo. Hoje entendo isso como fator terapêutico também.

Paulo: Sim, concordo plenamente. Eu estava só colocando que tenho a impressão de que o meu resguardo é maior, Ieda, dependendo do tipo de pessoa. Porque, às vezes, há um paciente que é muito problemático, é mais grave, mas de determinado jeito. Tenho a impressão de que me resguardo mais, seja a pessoa mais problemática ou menos, na medida em que eu me sinto manipulado. Sabe como é? Isto de "misturar" as coisas ou de reelaborar o que você diz, de reinterpretar.

Ieda: Por isso é que eu lhe disse que raramente faço isto. Porque concordo com você. Podem ocorrer todas essas tentativas.

Paulo: Ainda, Ieda, ainda aí. Em cima do comentário que você fez outro dia a esse respeito, quando eu disse a você que, às vezes, no final do expediente, eu me sinto cansado. E você fez um comentário curioso: "Eu às vezes saio tensa, não é só cansada". Eu queria explorar um pouco mais com você como é que são estas coisas. Eu estava lhe dizendo que é um fator de equilíbrio para mim, rechecar sempre as minhas coisas, ou estar prestando atenção em mim, além de estar prestando atenção no cliente. Eu estava me lembrando de coisas desse tipo, por exemplo, da participação das coisas da gente, entendeu? Como a gente lida com as coisas da gente dentro da sessão. Sabe como é? Você se percebe lidando com as suas coisas na sessão de alguma maneira que não seja apenas a suspensão das suas coisas?

Ieda: Não, Paulo. Eu me percebo mais contendo as minhas coisas, sabendo que estão sendo tocadas, coisas minhas, tomando cuidado para não entrar em contratransferência; ela não constitui um instrumento para o meu trabalho como me parece ser para você.

Agora, o que percebo é que fora, na minha vida, no decorrer dos anos, eu me modifiquei muito a partir desse contato com os meus pacientes. Eu modifiquei meu modo de pensar, de ver a vida, de sentir as pessoas, modifiquei o próprio sentido da vida. Isto, em grande parte, me veio dos pacientes. Não só deles, é claro, mas muito eu devo a eles.

Agora, quanto à tensão, Paulo, me reporta a várias coisas. Primeiro, eu acho nossa profissão extremamente exigente. É um estar disponível permanente. É como se você... Quero dizer, é um pouco assim... Esse paciente vem aqui, me procura, ele me paga, ele precisa de ajuda. O mínimo que eu posso fazer por ele, se não conseguir dizer coisas que o ajudem, é estar disponível. Estar ligada nele, no mundo dele. Acontece que, como você colocou, a gente tem a vida da gente e esta disponibilidade não está presente sempre. Não é sempre que eu estou disponível, e eu tenho de estar disponível. Então, eu sinto uma exigência. Se dissesse que isto flui, eu estaria mentindo. Não flui. Eu diria que há muitos dias em que flui, mas há outros dias em que sinto uma coisa difícil. Então, talvez a tensão venha desse esforço que eu faço para estar disponível. Acho que até cabe uma pergunta: será possível estar disponível quando se tem de fazer esforço para estar disponível?

Paulo: É!

Ieda: Mas a minha experiência me mostra que sim. Como já lhe falei antes, a presença do paciente vai "me puxando". Apenas, no final do dia, muitas vezes, eu estou mais tensa, talvez até mais excitada; enfim, eu não estou relaxada.

Paulo: Eu queria ir um pouquinho em direção a uma coisa que eu acho que está presente, que está próxima de você, e perguntar outra coisa. A gente estava falando, de maneira geral, sobre a interferência dos seus problemas, da sua vida no seu trabalho. Agora, eu queria que você falasse um pouco do inverso. Da sobrecarga que representam para sua vida determinados casos, determinadas situações. Eu sei, por exemplo, que você está com um cliente com quem você está fazendo um trabalho muito mais denso, muito mais intenso, e que está acompanhando inclusive fora do consultório. Eu queria saber como é isto.

Ieda: Olha, Paulo, eu também não acho muito fácil. Um pouco até no mesmo sentido. Quando chego em casa, tenho de conter as coisas do consultório. É por isso que eu digo que nossa profissão é cansativa. Eu tenho de penetrar numa conversa doméstica, afetiva, política, enfim, toda essa conversa do dia-a-dia. E acontece que, como você disse, dependendo dos casos a que estou atendendo, ou de determinadas situações, eu estou em certos dias mergulhada na problemática de certos pacientes.

Paulo: Certo!

Ieda: Então, a coisa funciona mais ou menos assim: normalmente, quando estou voltando para casa, já vou entrando nesse processo de contenção. Mas, mesmo assim, às vezes, eu me pego na hora do jantar, quando se está conversando, por exemplo, pensando em pacientes e me percebo fora da conversa, mas volto. Agora, quando estou com dois ou três casos, muito envolvida, como no momento, eu sinto que pesa bastante. Porque eu não quero falar. Estou muito cansada, em geral quero dormir cedo. E dar atenção nessa situação é também desgastante. Mas, como acho que a vida familiar não tem nada a ver com isso, faço esforço nessas ocasiões para estar presente na família, faço esforço para não me deixar absorver, vamos dizer assim, pelo meu mundo profissional. Por isso tudo é que eu acho que ser terapeuta é um preço alto que a gente paga.

É uma profissão em que, no fim do dia, quando se volta para casa, você não pode falar, se abrir sobre as coisas que o preocuparam. Você não pode comentar. As coisas do paciente são suas e do paciente. Eu acho a nossa profissão bastante diferente, nesse sentido, das outras profissões. Mas eu vejo inúmeras compensações. E, apesar de eu, de vez em quando, dizer que vou deixar essa profissão, é possível que eu nunca a deixe. Porque as compensações são muito grandes. As pessoas melhoram, crescem, amadurecem. As pessoas reconhecem o nosso trabalho, elas nos gratificam. E, ainda que elas não nos gratifiquem, você percebe que elas mudaram no decorrer de dois ou três anos. Mas é uma profissão difícil, que exige muito de você.

Paulo: Eu queria saber o seguinte, Ieda: você quer entrar um pouco mais nisto, ou saímos para outras coisas? Eu tenho uma pergunta mais específica.

Ieda: Posso entrar, sim.

Paulo: OK, era isto mesmo. Se você estiver disposta, senão a gente vai para outra coisa. Se você estiver disposta, gostaria de falar um pouquinho de como está a presença deste caso que você está atendendo. Como ele a está afetando? Como ele permanece em você fora da sessão?

Ieda: É uma pessoa a quem eu quero muito. Há pacientes com quem você sente uma ligação muito grande. É uma pessoa que tem possibilidade de ter uma vida normal. Mas está num momento delicado, porque não crê nessa possibilidade. Devido a toda uma problemática de ordem psicológica, devido a todas as ajudas de que necessitou até hoje, de que está no momento necessitando e de que pode periodicamente vir a necessitar. Mas que, fora desses períodos mais difíceis, nos quais necessita de ajuda, tem em termos humanos um grande potencial, tanto de sensibilidade, de intuição, como de bondade e inteligência. É uma pessoa muito rica humanamente. Mas, devido a essa sua fragilidade eventual, não se crê. Então, eu estou totalmente empenhada nesse trabalho de – junto com essa pessoa – vislumbrar uma possibilidade de ela existir, vamos dizer assim. Mas para ela é uma coisa extremamente difícil. E aí entram outras variáveis também. Entra o contexto social que ela tem de enfrentar e onde, a gente tem de reconhecer, há uma certa descrença. Entra o contexto familiar ambíguo, que ora crê ora, pelo próprio modo de vir acompanhando os episódios difíceis, também descrê. Também é uma família bastante sofrida por toda essa situação. E há situações em que a gente, como psicólogo, terapeuta, vê qual seria a melhor maneira de esse ambiente social e familiar agir. Mas você não pode exigir, porque eles já estão fazendo muito, e é natural que eles errem de vez em quando. Só que esse erro pode ter repercussão muito grande sobre o paciente. É um caso em que eu lido com a pessoa e também tenho contato com a família. Eu sei do ambiente social que essa pessoa enfrenta. Quase que eu sinto em mim, pela identificação que eu tenho com ela, pela ligação afetiva. O que ela traz sobre esse contexto é muito real. E eu sinto essa descrença dela. Eu quase que posso sentir o que ela sente. Eu, no lugar dela, também, talvez, estivesse descrente. Então eu sinto que se está num momento muito crítico, muito delicado, no qual é importante achar a melhor forma para ajudar, é isto que está muito comigo agora. E tenho, também, medo de não ver a maneira adequada, tenho medo da ação do contexto familiar, que também está procurando ajudar; eu temo que eles possam fazer alguma coisa que prejudique, porque isto, nesse momento, seria muito negativo para essa pessoa. É como se eu estivesse em cima de uma corda de circo: se eu der um passo em falso, despenca, só que não sou eu quem despenca, é ela. E não sou só eu que estou aqui, é a família também que está aqui. Só que nem eu, nem a família, é ela quem despenca. É um pouco esta a sensação. Sei lá, e isto está me deixando triste. E é triste você conviver com uma realidade humana, Paulo, onde você sente, o tempo todo, limites. Onde você gostaria que fosse diferente. Claro que isso não se aplica somente aos nossos pacientes, mas a uma realidade social que também mexe com você. Que você sente que tem limites na sua ajuda. Só que, no nosso trabalho, você sente isso bem mais próximo! Enfim, eu acho que gostaria que pudesse ser diferente. É isso aí! Fala-se muito da onipotência do terapeuta, da necessidade de a gente saber que tem de haver limite e que a nossa ajuda vai até certo ponto. Mas não é questão de onipotência. É questão de você ver um ser humano que quer existir, lutar por isso, e você pode fazer tão pouco por ele. Você pode fazer, é claro, mas, por condições inerentes à própria estrutura psíquica do paciente, há limites. Do ponto de vista teórico e prático, é importante eu saber que há limites. Do ponto de vista da ligação afetiva que se estabelece, é difícil você lidar com isso. Eu não me sinto assim com todos os pacientes que apresentam essa condição psíquica mais delicada. Eu acho que é particularmente com as pessoas muito ricas humanamente. E isso me deixa realmente triste.

Paulo: Ieda, toda essa situação, eu queria que você a fechasse, que a encaminhasse; mas se você quiser colocar mais alguma coisa sobre essa situação... É que eu queria passar para outras coisas que eu quero saber de você.

Ieda: Sim. Vamos, sim. É a tal história de ter de suspender.

Paulo: Não. Não quero que você suspenda exatamente neste momento. Se você quiser falar mais alguma coisa...

Ieda: Não, eu acho bom ter de suspender e passar para outras coisas, porque depois a gente vai ter de atender.

Paulo: OK! A outra coisa, Ieda, é basicamente o seguinte: é uma pergunta formulada nos meus termos, e eu quero saber como é que você sente isso. De uns tempos para cá, eu não sei lhe dizer quando, há cerca de uns dois anos talvez, eu tenho me surpreendido com você basicamente numa coisa. Que é uma coisa muito importante para mim, no meu trabalho terapêutico, no meu contato com as pessoas, e eu percebo a mesma coisa em você. De uns dois anos para cá eu me apercebi disto que você é capaz. Às vezes eu vejo você entrar em contato com uma pessoa, aqui, não em situação terapêutica, e olhar para a pessoa e saber como ela está. Quer dizer, é o visual mesmo, é através dos olhos, o olhar e sentir, perceber o tônus emocional, o clima das coisas, absolutamente independente do verbal. Eu queria que você falasse um pouco sobre isso. Sobre o ver e o enxergar como uma pessoa está.

Ieda: Olha, Paulo, eu acho que isso é uma coisa que ocorre com o terapeuta que não está preso só à palavra, mas trabalha como a gente, dando também atenção ao corpo. Acho que é uma coisa que a gente vai adquirindo no decorrer dos anos. Cada vez mais você vai conseguindo ler o corpo. Sobretudo expressão facial, olhar caído, até tonalidade da pele, eu diria. A pessoa deprimida tem a pele mais amarelada...

Paulo: Menos vitalizada.

Ieda: O tipo de andar, eu diria até tipos de comentários. E, às vezes, não é a expressão facial, é o comentário desligado da conversa que está sendo feita, no qual você nitidamente percebe que há outro conteúdo por detrás, ligado às coisas emocionais da pessoa. É um contato que não se faz, apesar de a pessoa estar na sua frente. Eu acho que é treino e que no decorrer dos anos eu fui aumentando esse tipo de percepção. Hoje sinto, por exemplo, que não preciso esperar o paciente entrar na sala e começar a falar, para eu começar a penetrar no mundo dele. Hoje eu sinto que, quando ele se levanta na sala de espera, eu mais ou menos já sei se nós vamos caminhar para coisas mais pesadas ou mais leves. É uma coisa já muito automática em mim e é difícil eu me enganar. Às vezes eu me engano. Em geral, quando entram aquelas coisas minhas, aquela parte que eu estou tentando conter. Mas, na maioria das vezes, essa percepção de como o paciente está ocorre facilmente para mim. Uma coisa que ajuda essa percepção é o esforço que o próprio paciente faz, isto é, ele segura na palavra e mostra no corpo. Acho que é uma questão apenas de treino para o terapeuta que não está só atento à palavra.

Paulo: A minha sensação, sabe, Ieda, é de que, além do treino que você estava falando, é uma coisa de amadurecimento pessoal da gente. Sabe como é? E de certa forma é a real comprovação do que você estava falando, a respeito de disponibilidade.

Ieda: É, estou de acordo. Se você não estiver disponível, você não percebe nada na sua frente. E também uma coisa que eu acho básica é a sensibilidade para captar essas coisas. É que você pode até estar disponível, as coisas estão lá e você não capta. Acho que a sensibilidade aí, não só aí, em tudo, em toda relação, em todo o processo terapêutico, é fundamental.

Paulo: Outro tópico, Ieda, que eu tenho curiosidade de saber a seu respeito: como é que foi o seu caminho? Pelo que eu sei, você não está filiada a nenhuma corrente, você não pertence a nenhum grupo de terapeutas de abordagem corporal ou abordagem psicodramática. Você não está vinculada a nenhuma instituição. Como é que foi o seu caminho?

Ieda: Olha, Paulo, eu sinto assim. Eu sinto que talvez eu tenha sido terapeuta a vida inteira; no sentido de ouvir, de disponibilidade, tanto no contexto social, quanto no familiar. Hoje eu percebo isso. Sempre o sofrimento das pessoas me tocando muito. É possível que parte de toda uma preocupação social, de querer trabalhar um pouco nas favelas, de pertencer a certos movimentos, também estivesse já ligada a isto. É um caminho que vem de muito tempo atrás, mas sem conseguir achar o rumo, que foi devagarinho se definindo. Então, por exemplo, eu primeiro fiz Ciências Sociais, que estava nesta linha de preocupação social. Depois eu passei para a Psicologia. E, na Psicologia, já no primeiro ano, eu queria ser terapeuta. Então, eu sinto que partiu muito mais do tipo de pessoa que eu sou, do que, digamos, do que você ouve falar de uma profissão, qualquer coisa assim neste sentido. Em termos de não conseguir escolher, é uma característica minha também. Eu sou uma pessoa que gosta de variar. Eu tenho muita dificuldade, digamos assim, de ter hábitos permanentes e imutáveis. Gosto de variar, de experimentar coisas novas, de experimentar coisas. Não que eu fique saltitando sempre. Mas diria que eu tenho uma gama bastante ampla de coisas que eu experienciei e que daí eu posso passar de uma coisa para outra.

Paulo: Você estava falando de sua história pessoal, seu caminho.

Ieda: Exato. O que eu estava colocando para você é a dificuldade de eu me apegar a uma coisa só, de ficar numa direção única, eu diria. Eu pesquiso em várias direções, seleciono e escolho coisas para mim. Daí, eu começo a me relacionar com estas coisas que eu escolhi e faço uma composição com essas coisas que selecionei. Então, vejo que nas diversas linhas terapêuticas existem coisas boas e, por outro lado, não encontro numa única linha terapêutica um conjunto teórico-prático que me satisfaça totalmente. Por isso é que eu me considero uma terapeuta não-alinhada. Mas eu quero abrir um parêntese aqui, Paulo. Acho fundamental você ter primeiramente uma formação única. Conhecer bem, aprender bem e trabalhar numa direção só. Essa composição à qual me referi é fruto de muita experiência, de muitos anos de trabalho, de contato com muita literatura na área de Psicoterapia. Enfim, Paulo, o que eu quero dizer é que não é coisa para terapeuta novo, que está começando. Fazer isso no começo da carreira eu acho extremamente perigoso. No começo a pessoa carece de conhecimentos, experiência e mesmo amadurecimento, e é necessário que ela tenha um guia teórico-prático seguro. Essa composição pessoal eu fiz no decorrer de muitos anos. Aliás, você sabe que, por formação, eu sou psicodramatista e trabalhei durante muitos anos seguindo esse referencial.

Paulo: E como é essa sua composição?

Ieda: Sem dúvida nenhuma, Paulo, é basicamente na Psicanálise que eu me fundamento teoricamente para compreender a psique humana. Mas, ao tratar de um paciente, eu posso usar todo um repertório de técnicas e posturas que aprendi em outras linhas terapêuticas.

Paulo: Eu vou checar um pouco isso, Ieda. Eu queria perguntar o que você tirou da Psicanálise, nestes termos, principalmente em relação à primeira parte da entrevista. Você estava colocando uma porção de coisas de envolvimento pessoal. Como é que fica?

Ieda: Aí nós estamos falando de postura.

Paulo: É!

Ieda: Técnicas e posturas. O que eu tirei da Psicanálise e que é absolutamente básico em meu trabalho é a idéia de que é na infância que as coisas essenciais acontecem. E que, portanto, a forma de relacionar-se do meu paciente, seja comigo, com os outros ou com a vida em geral, está fundamentalmente moldada em seus vínculos primários; vínculos elaborados a partir de seu contexto de realidade e de suas fantasias, ou seja, do seu desejo inconsciente.

Paulo: Certo, mas eu queria colocar você diante disto: você estava falando uma porção de coisas a respeito do seu trabalho em que o básico, o fundamental, era a sensibilidade, em que o fundamental era o vínculo afetivo que se estabelece mesmo, e você se vincula a clientes. Então, estas coisas você tirou da Psicanálise?

Ieda: Não. Isso eu chamo de postura. Postura é a forma como eu lido com o meu paciente e ela decorre, a meu ver, da mobilização da minha sensibilidade e intuição diante de suas necessidades emocionais de crescimento. Veja bem que não estou falando do que ele quer, deseja emocionalmente, pois muitas vezes o que ele quer emocionalmente é algo extremamente infantil. A minha postura diante

SER TERAPEUTA 95

dele orienta-se no sentido de seu desenvolvimento emocional e não na satisfação de seus desejos. Então, eu posso variar essa postura, dependendo do tipo de paciente e do que eu julgue que possa melhor ajudá-lo, em certos momentos, no sentido em que falei.

Paulo: Por que você escolheu essa mistura que não é psicanalítica?

Ieda: Talvez devido ao meu temperamento. Eu teria dificuldade de assumir uma postura neutra na relação. E também pelo sentimento de estar deixando de aproveitar um instrumental técnico extremamente útil para muitos de meus pacientes. Do meu ponto de vista, você poder usar ora uma técnica dramática, ora um relaxamento, ora um exercício de Gestalt-terapia, em certo momento, em certa situação, ajuda muito a aprofundar e também a desencadear aspectos dos conteúdos emocionais com os quais você está trabalhando.

Paulo: Como será que está saindo a entrevista?

Ieda: Eu estou curiosa para ver.

Paulo: Qual é a sua sensação?

Ieda: A minha sensação é sempre a de que eu não explico bem o que quero dizer, o que estou pensando ou sentindo. E que eu faria melhor se pudesse escrever.

Paulo: A minha sensação é diferente. É de que está muito boa mesmo. Está como a primeira que você fez comigo em termos de densidade, de autenticidade, de intimidade, sabe, de muito afeto. Muito do que é o trabalho da gente. Acho que está saindo muita coisa real, concreta, a respeito do trabalho da gente.

Ieda: Agora que você falou isso, me vem também uma coisa sobre nosso trabalho e a sensação que a gente tem em relação a ele. Que é uma coisa que eu aprendi no decorrer do tempo: que o julgamento que eu faço com relação ao meu trabalho com o paciente nem sempre corresponde ao julgamento que o paciente faz. E outra coisa que me incomoda um pouco na nossa profissão é a falta de parâmetro objetivo, definido, com o qual a gente possa comparar o nosso modo de proceder. Uma coisa que em outras profissões me parece ser mais fácil, pois se você seguir essa técnica dá certo, ou se você construir essa casa dessa maneira vai sair esse tipo de casa. Então, eu sinto que a gente tem uma série de conceitos, de técnicas, enfim, uma série de procedimentos. A gente tem uma série de casos semelhantes, mas não se tem nunca a certeza. É uma profissão em que a gente se move sem certezas. Eu acho que agora eu lido melhor com isto. No começo isto me angustiava mais. Penso que os terapeutas que têm uma linha de trabalho determinada têm menos ansiedades. Parece-me que eles julgam ter mais certezas. Mas, para mim, não-alinhada, realmente eu fico sempre na proximidade do que deve ser.

Paulo: É exatamente por isso, Ieda, que eu disse para você que tenho vontade de fazer aquela segunda pesquisa. Entrar em contato com ex-clientes e saber o que ficou. Como é que foi a terapia do ponto de vista deles. Exatamente para me colocar diante disso que você está falando, da perspectiva do Outro, do que ficou.

Ieda: É o que fica para mim também. Sabe, Paulo, é que no fim o que importa é o que ficou para o paciente. Mesmo se eu tenho uma certeza baseada em supervisões ou nos meus anos de experiência, se eu acho que está certo, que foi correto o que fiz, que teoricamente tudo faz sentido, para o meu paciente pode não ter sido um bom resultado. E seria a única coisa que importaria. Sabe, em certo sentido, eu acho que é até bom não ter esta certeza, porque o fato de não tê-la me deixa sempre meio ansiosa para querer sempre acertar. Estar sempre procurando, checando. Parece-me que assim não se perde a ansiedade, o estar alerta para poder levantar várias hipóteses, enfim, para não correr o risco de ficar onipotente. E na nossa profissão a gente sabe que isso não é um fato incomum.

Paulo: A disponibilidade!

Ieda: É. É uma faca de dois gumes você ser um terapeuta não-alinhado, eu acho. Com vantagens e desvantagens. Mas eu acho que as desvantagens são sentidas mais em um nível interno, isto é, a gente está sempre num estado de questionamento e isto, às vezes, nos deixa meio inseguros. Mas isto traz a vantagem de você querer pesquisar mais. Eu me sinto muito no estado de dúvida, mas – como é que eu posso dizer? – não é que elas impeçam a minha ação.

É aquela dúvida que leva você sempre a procurar outras possibilidades. A estar atento para o paciente, disposto a mudar de caminho junto com ele. Tudo aquilo que eu tinha como certo pode estar errado. É por isso também que nossa profissão é tão trabalhosa.

Leon Bonaventure

Ieda: Leon, há quanto tempo você é terapeuta?

Leon: Quase vinte anos.

Ieda: Você já começou como analista junguiano?

Leon: Sim.

Ieda: E como é que lhe ocorreu a idéia de ser terapeuta?

Leon: Nunca tive uma idéia clara nem uma vontade determinada de ser analista. Foi algo que aconteceu aos poucos em mim. Minha identidade profissional de analista me foi dada não pelos meus diplomas, mas pelo meu trabalho. Olhando para trás, posso ver sinais de uma vocação que demorou muito tempo para expressar-se e afirmar-se.

Como toda vida humana, a minha também foi marcada por circunstâncias e por encontros significativos. Dois momentos, entre outros, marcaram a minha vida. O primeiro foi na minha infância. A imagem quase cotidiana de prisioneiros deportados nos trens que iam para a Alemanha nazista. Eu morava na Bélgica, perto da fronteira alemã. Perguntava-me: por que isto? E não tinha resposta. Todo mundo tinha esta mesma pergunta na boca, mas não havia resposta. Ninguém soube me dar uma resposta válida. Mais tarde, os meus estudos de Psicologia e de Filosofia na Universidade de

Louvain deram-me uns esboços de resposta filosófica à minha pergunta ante o sofrimento humano. Mas nunca me satisfizeram.

O segundo momento que me marcou na vida foram os quatro anos de vida religiosa que passei entre os dominicanos. Por um certo tempo uma resposta veio ao encontro de minha busca, ou melhor, uma orientação me foi indicada: a da interioridade. Mas o caminho por eles seguido não era o meu.

Foi a experiência analítica que me abriu as portas para minha própria interioridade. Se esta descoberta me revelou a grandeza da alma humana, também fui forçado a me confrontar com o sofrimento humano, a começar pelo meu.

A pergunta que me inquietava quando ainda criança permanece, no fundo, sem resposta. Mas ela mudou de perspectiva, pois, na realidade, foi ela o fermento de meu desenvolvimento e da minha busca interior.

Muitas outras circunstâncias contribuíram para que me tornasse terapeuta. Mas quem ou o que me disse que eu era analista não foi nem o fato de ter tido certa formação, nem os meus títulos, mas uma mocinha de 16 anos que sofria de uma cegueira psíquica e seis meses depois de ter trabalhado comigo recuperou a vista. Assim, após certo número de experiências deste tipo, algumas até sem sucesso, descobri-me sendo psicoterapeuta. As minhas perguntas, a começar por aquela de minha infância, assumiram novas dimensões, pois não são apenas minhas, mas de todo ser humano, de cada um de nós. Merecem que nos ocupemos com elas. O sofrimento humano, o nosso e o dos outros, nos remete a outra coisa, àquilo que pode fazer surgir o mundo da alma. Assim, hoje, o sentido do sofrimento deu lugar à questão do sentido da Alma.

Ieda: Para você, o que é um analista junguiano?

Leon: Oh! Acreditei, durante certo tempo, que era a formação, os diplomas, o fato de "ser membro da Sociedade". Hoje, posso dizer categoricamente que isto nada tem a ver com a identidade de ser analista junguiano.

Basicamente, para mim, é estar a serviço do *Self*, no duplo sentido da palavra. Por um lado, o *Self*, em seu aspecto mais íntimo, seria o que há de único e original em cada um, e por outro, o aspecto universal do *Self*, o *Anthropos*, o Homem dentro de nós.

O *Self* não é apenas um estado psicológico, é um processo, um dinamismo, é o que chamamos de individuação.

Ser analista junguiano é ter um sentido aguçado da individuação, da Alma, do símbolo, das imagens. É ter a coragem de viver a individuação. Portanto, é um ideal cada vez mais ou menos distante, diria até uma intenção.

Os valores que para mim têm sentido não são apenas idéias, mas vida. Há muitas maneiras de ser analista junguiano, a minha é essa. Não poderia ser analista freudiano.

Ieda: Por quê?

Leon: Pertenço por natureza a outra família espiritual. Minha concepção do mundo, da vida, se reflete na de Jung, mais do que na de Freud. É só isto. É uma questão de afinidade pessoal. Tem a ver com as minhas próprias predisposições e também com uma escolha minha.

Ieda: O que chega para você como sendo a coisa importante nessa profissão? Você quer ajudar as pessoas?

Leon: Coloquei como epígrafe de meu livro *Psicologia e vida mística* uma frase de Santa Teresa de Ávila, que faço minha: "Parece-me que um dos maiores consolos existentes sobre a terra deve ser o de ver que somos úteis às almas".

A alma, o mistério da Alma, é esta a minha paixão. A alma é a interioridade de tudo que é vivo. A patologia e a psicologia clínica nunca me atraíram. A intenção em meu trabalho não é curar, mas cultivar a alma, favorecer a individuação. Sei, por experiência, que quando a alma reencontra a sua vida não há mais lugar para a doença. Assim como eu gosto de cultivar o meu jardim, gosto de cultivar a vida da alma, tenho prazer em ver a vida se criar, tenho amor pela vida. É bonito ver crescer uma flor.

Se seguisse as minhas exigências até o fim, o trabalho analítico seria essencialmente, para mim, uma maneira de me relacionar com o Grande Homem, que se encontra dentro de cada um de nós e ao mesmo tempo nos transcende. Uma transcendência que está presente na imanência desta relação individual. Para mim a análise se situa, por natureza, dentro de um contexto religioso, até diria de uma mística da alma.

Ieda: Por que você achou que seria por meio dos outros que você conseguiria realizar esta sua finalidade?

Leon: Por quê? Esta é uma pergunta filosófica. Aconteceu assim.

Ieda: Não, não é filosófica, eu quero a resposta em termos do que você sentiu. Por que seria esse o caminho para você? Haveria outros?

Leon: Todo mundo precisa dos outros. Hoje eu não sinto necessidade de meus pacientes, mas sim do outro, que pode até ser invisível. Não há desenvolvimento sem relação com o outro. É com os outros que se cria o mundo, e na terapia é o mundo da alma que se cria, a individuação, não só a minha ou a sua, mas a nossa. Não pode haver individuação sem a relação com o outro.

Ieda: Então você estaria dizendo que a primeira idéia foi a de um aprofundamento em sua própria interioridade, mas que isso se faz por meio relação com os outros. E que só pode haver um desenvolvimento pessoal, próprio, por meio do relacionamento com o outro?

Leon: Do mesmo modo que o jardineiro se sente solidário com o jardim que lhe é confiado, por ser este o seu universo, e se confunde com ele, assim a individuação, o desenvolvimento é intimamente ligado ao dos outros, porém sabendo que eu não sou os outros.

O crescimento da árvore é uma bela imagem do desenvolvimento. Gosto de plantar árvores, mesmo que nunca chegue o dia de eu colher os seus frutos. Para mim é uma necessidade de fazê-lo. Assim coopero de maneira espontânea com a Mãe Natureza. Humanizo-me ao humanizar o meio ambiente em que vivemos. Analogicamente, a mesma coisa acontece com o meu trabalho. Gosto de ocupar-me com o jardim da Alma e isso só pode ser feito dentro da relação. O meu melhor pagamento é ver crescer.

Somos todos solidários no desenvolvimento da humanidade. É na situação terapêutica que dou a minha contribuição a este desenvolvimento. É uma crença que contém sua parcela de dúvida.

Ieda: Você sentiu que se desenvolveu como ser humano sendo um terapeuta, nessa relação com os pacientes?

Leon: Ieda, embora ainda algumas vezes use o termo "pacientes", estritamente falando, não tenho pacientes. Não sou médico, não trabalho dentro do modelo médico em terapia, nem tenho uma finalidade médica. E, para responder à sua pergunta, posso dizer que "sim", pelo menos a cada vez em que a análise se torna um verdadeiro diálogo.

Ieda: A gente se relaciona com muitas pessoas no decorrer da vida; com os amigos, com a família, enfim, há uma possibilidade muito grande de relacionamento, e nós também temos os nossos pacientes. Você diria que, em termos de desenvolvimento pessoal seu, teriam sido os pacientes aquelas pessoas que mais lhe possibilitaram esse desenvolvimento pessoal?

Leon: Não, de maneira absoluta. Decerto, a análise é um lugar privilegiado, graças à abertura que existe. Mas não é o único. Na minha vida encontrei pessoas que me marcaram profundamente e foram um fator determinante no meu desenvolvimento. Penso, por exemplo, em certos professores, mas também em minha mulher, meus filhos, alguns amigos, visíveis ou invisíveis, e muitas situações de vida cotidiana.

Ieda: É que você colocou no início que a escolha dessa profissão constituía uma espécie de aprofundamento, uma auto-realização, uma prática, enfim. Pelo que entendi, seria aquilo que mais lhe possibilitaria desenvolver-se como pessoa.

Leon: Pode ser que eu tenha nascido para isso, mas a minha vida profissional é uma parte de minha vida. Não é porque a alma foi redescoberta no consultório do psicoterapeuta que é somente lá que vou encontrá-la.

Ieda: Em certo sentido a escolha dessa profissão veio desse desejo. A pergunta que eu estava fazendo seria então esta: serviu para o seu intuito inicial ser terapeuta?

Leon: Da maneira como vivo a situação terapêutica, posso responder que sim. Dentro deste contexto vivi e vivo relacionamentos muito significativos e estou reconhecido à vida por ter me permitido encontrar tantas pessoas com quem vivo uma relação significativa.

Ieda: O que você diria que caracteriza a profissão de terapeuta? O que marca mais? Em termos pessoais o que é mais difícil e o que é mais agradável? Enfim, se você fosse dizer a alguém: "Olhe, ser terapeuta é isso", em termos de sua vivência, o que você diria?

Leon: A isto não poderia responder. Existem tantas maneiras de ser analista e eu mesmo, no decorrer do tempo, fui mudando e ainda hoje sou diferente conforme as pessoas e as situações.

Para mim, diria que é uma espécie de sacerdócio, sem confissão específica, nem Igreja específica, seja cristã, budista ou junguiana simplesmente. É estar tão-somente a serviço da Alma, cultivá-la lá onde ela se encontra e, se talvez não se encontra, evocá-la e torná-la presente.

Não sou analista porque é agradável. É uma necessidade interior. Naturalmente, existe a alegria de participar do desenvolvimento de um ser humano. É bonito ver alguém se encontrar na vida. Gosto de ver quando a vida se torna um processo criativo.

Ieda: Leon, para você, então, o mais característico dessa profissão é a possibilidade de cultivar a alma?

Leon: Sim. Sei por experiência que são as nossas feridas que nos conduzem à análise. Foi assim para mim, como para todo mundo, a começar por aqueles que querem escapar disso, fazendo da análise uma "chamada" análise didática. Normalmente é pelo sofrimento que nosso verdadeiro rosto se revela. As nossas feridas favorecem a abertura, pelo menos quando encontramos um lugar adequado para que essa abertura se faça. São os nossos sofrimentos que nos permitem desenvolver-nos e humanizar-nos. Ser analista é tentar reintroduzir a alma, o amor, o sentido no meio de nossos sofrimentos. No nosso contexto histórico-cultural, a alma foi reprimida. O lugar onde foi redescoberta foi na situação psicoterapêutica. Então, sim, nesta situação, em geral posso me sentir mais vivo, mais presente, me sentir existir.

Ieda: Leon, a sensação que eu tenho é de que o paciente é quase um acaso na sua trajetória interna, pessoal. Está ali, mas poderia não estar. Eu gostaria de perceber melhor, na sua vida como terapeuta, o significado para você de seus pacientes.

Leon: Naturalmente, as pessoas como pessoas, na sua individualidade *sui generis*, são importantes para mim. Mas o objeto de nossa ciência é a Alma. Não há dúvida, a alma se encarna, se vive, se concretiza nos indivíduos concretos e singulares. Seria demais dizer que eles são a personificação humana da alma? Dentro de mim acontece um movimento paradoxal. Dum lado a alma cada vez mais se dessubstancializa e assim transcende os limites individuais, e por outro lado se personifica por excelência na imagem viva do *Anthropos*, do Grande Homem, o Homem superior, do *Self*, com maiúscula. Não posso dizer-lhe como esta realidade foi-se impondo a mim, mas está presente. Esta Imagem do *Anthropos* está imanente em cada um de nós e, ao mesmo tempo, nos transcende. É nesta Imagem que se baseia a nossa relação, e que lhe dá uma dimensão humana, o que vai além de toda projeção e contraprojeção, de transferência ou contratransferência. É a partir desta Imagem que tudo tem sentido. Talvez seja ela a verdadeira imagem do Homem. Tornar a alma presente no que tem de essencial, eis o que me faz sentido. No fundo, a psicoterapia é ou deveria ser um processo de humanização.

Ieda: Leon, há pacientes com quem a gente se liga mais, há uma empatia maior, um interesse, uma afinidade.

Leon: Sim. Mas não é por acaso que uma pessoa vem bater à sua porta. Pela sua presença ela vem dizer alguma coisa a mim mesmo. Se eu souber escutar e se a problemática do outro se tornar de alguma maneira também minha, em algum lugar e de algum modo, nos encontraremos. No que nos liga, é lá que está a vida.

Algumas vezes a gente não sente afinidade, então não há nada a fazer. Isso acontece, mas não sou eu que escolho os meus analisandos, são eles que me escolhem.

Ieda: Leon, voltando ao termo "Alma" que parece ser fundamental para você. Eu gostaria de traduzir um pouco este seu termo "Alma" para uma linguagem mais técnica, vamos dizer assim. Este é um termo muito pouco usado no contexto das psicoterapias.

Leon: Você sabe, Ieda, quanto mais a psicoterapia se dirige para o lado científico, mais ela vai-se traindo. A grande descoberta de Jung foi esta intuição genial, que a alma existe de per si. É um erro epistemológico grosseiro servir-se do método científico para estudar a alma. Só há alma para perceber a alma, como disse Santa Teresa de Ávila.

Ieda: Eu não estou usando uma linguagem científica, Leon. Sabe, "alma" é uma coisa bastante vaga para mim, muito abstrata.

Leon: Para mim é o sangue que circula nas veias! É a grande diferença! É o respirar.

Ieda: Eu sei, eu só estou tentando pôr numa linguagem comum aos psicoterapeutas e ao público, ao estudante de Psicologia, qualquer que seja sua orientação teórica.

Quando você diz que sua satisfação é quando a alma está ali inteira, quando a alma parece que está vivendo, em outras palavras, eu queria saber, é quando o paciente está se realizando, quando ele consegue conhecer, perceber melhor a si próprio? É quando ele deixa que o potencial dele flua? Quando ele passa a realizar coisas que antes estavam paralisadas? É nesse sentido que você diz que obtém satisfação?

Leon: De fato, é importante, entre colegas, ter uma linguagem comum. Mas devo a mim mesmo o não abandonar a linguagem própria da alma, que é imagem, pois alma e imagem são sinônimos. Isto é uma evidência, não apenas ao nível das imagens oníricas, mas de toda manifestação psíquica que é primeiro imagem. Ao trabalhar as imagens de dentro, deixando-se pegar por elas, com todas as suas implicações, sua profundidade, sua densidade, isto não faz apenas sentido para mim, mas o próprio sentido da vida vai se revelando por si mesmo. Sentido e vida são inerentes à imagem. Quando o trabalho é feito com cuidado, segue-se inevitavelmente um desenvolvimento. Assim, o meu trabalho analítico consiste em cultivar a própria Alma.

Esta perspectiva de trabalho, que foi se impondo a mim progressivamente, pode lhe parecer vaga, ou original, ou até esotérica. Mas, na realidade, apenas me inscrevo de maneira moderna na velha e nobre tradição judaico-cristã da prática da *cura animarum*. Quando alguém se pergunta o que é a nossa psicoterapia moderna, devemos reconhecer que ela é apenas a laicização e a secularização da prática da *cura animarum*. É nesta corrente que me situo e não no movimento da psicologia clínica médica.

Ieda: Leon, outra pergunta: em termos de sua evolução como terapeuta no decorrer do tempo, como você sente que caminhou? A sua evolução foi muito difícil, foi fácil, foi dolorosa? Como você a percebe?

Leon: Oh, poderia ter sido mais fácil! O meu desenvolvimento, como de fato é o caso para muitos, começou realmente depois de minha análise pessoal, ou, se você quiser, a minha análise pessoal continua até hoje na minha relação com as situações da vida profissional, familiar e outras.

Em grande parte, os problemas de meus analisandos são os meus, com a diferença de que eu os vivo em outro nível. A individuação, o sentido ou o não-sentido da vida, o amor e a sexualidade, a psicologia e a religião, a relação entre o indivíduo e a comunidade, a começar pelas relações parentais, todas estas questões existenciais e muitas outras, embora sempre formuladas de maneira nova e pessoal, são questões minhas também. Isto é a matéria-prima de nossa vida cotidiana. Aprendi teorias psicológicas, mas não é suficiente, pois o nosso único instrumento terapêutico é o que nós somos realmente. Tornar-se o que somos passa pela confrontação contínua com as questões essenciais da vida. E, quando pensamos que foram resolvidas, sempre há um gênio mau que vem nos recolocar a questão de maneira nova. Mas na realidade é apaixonante.

Ieda: Pois é, Leon, mas veja, essas pessoas que ocuparam uma grande parte de suas horas, esse tipo de relação específica que é diferente de outras formas de a gente se relacionar aí fora, em que isso o marcou no decorrer de vinte anos como terapeuta?

Leon: Depois de vinte anos de vida profissional, o ser humano permanece um mistério, assim como o encontro entre duas pessoas é um mistério ainda maior, o mistério do Amor. E cada novo encontro me faz relembrar isso de alguma maneira. Sem dúvida, não se podem ignorar o jogo das projeções e a importância da transferência e da contratransferência, mas existe algo de maior ainda nestes encontros.

O Amor é evocador, é o princípio de todo trabalho terapêutico. Sem ele nada acontece na vida. É ele que favorece a abertura, o diálogo, a vida, a verdade.

Os aspectos psicológicos da relação que chamamos de relação transferencial foram particularmente bem estudados no século XX por Freud, Jung e outros. Estudaram-na na situação analítica. Porém, não é unicamente ali que acontece: projeção e transferência são fenômenos naturais vividos em toda relação. As projeções são freqüentemente os suportes de uma relação humana. Aprendi que é um perigo sério fechar-se dentro deste jogo. Só temos a ganhar com a desmistificação da relação analítica, porque ela escraviza tanto o analista como o analisando. *Agnes de Deus* e *Dueto para um só* são duas peças de teatro que passaram recentemente em São Paulo, nas quais se mostra muito bem que, quando o terapeuta se humaniza na relação com o outro, este tem a possibilidade de se abrir e de viver seu desenvolvimento.

Ieda: Se você fizesse um apanhado geral de sua vida de terapeuta, você diria, por exemplo, que essa dimensão de um encontro real é uma das coisas que o marcaram ou que o impressionaram como terapeuta?

Leon: O que sempre me impressiona é a própria sabedoria da natureza, como a natureza é sempre capaz de engendrar novas formas de vida. Isto é um lado bonito da profissão, ver nascer uma pessoa para novas dimensões da vida.

Mas, para responder à sua pergunta específica, o que me impressiona e me assusta é quando nós, terapeutas, temos medo do Amor. Até aprendemos técnicas para nos protegermos. No entanto, só o amor pode curar o amor ferido.

Ieda: Eu queria que você falasse um pouco de suas angústias como terapeuta. Nessa relação com o ser humano durante vinte anos, quanta coisa deve ter lhe acontecido. Que tipos de angústia, como terapeuta, você teve mais possibilidade de vivenciar?

Leon: Você sabe, voltando ao passado a gente pode contar histórias.

Hoje, angústia não sinto. Naturalmente, na situação terapêutica existe certa tensão, assim como certa apreensão, uma incerteza, sobretudo no começo. Mas, uma vez estabelecida a relação, logo que vejo e sinto onde está o outro, ou onde estamos, então – e é o que ocorre normalmente – a análise torna-se um diálogo de amigos, harmonioso. Não há dúvida, é um lugar onde trabalhamos, mas o ambiente pode ser agradável. Não vejo por que a análise deveria ser uma tortura para o analisando nem para o analista, que deveria ficar permanentemente em estado de prontidão ou de alerta para evitar ser enganado. Seria como uma briga ou batalha entre a luz e as trevas. Se sou analista, é porque gosto deste trabalho. Claro que há situações em que a transferência negativa se torna difícil de suportar. O mais difícil é quando a situação aparentemente parece incurável, sem solução, levando-me ao mesmo sentimento de impotência que o meu analisando experimenta. Então, neste momento, começam a surgir em mim uma série de fantasias negativas. Eu sei, hoje, que isto faz parte do trabalho analítico. A sensação de impotência, tanto no analisando como no analista, deixa lugar para o silêncio, a um pequeno espaço ainda virgem. Os mitos nos ensinam que na origem existia o caos. Mas é nesse caos que estavam contidas as primeiras manifestações de vida, portanto é no caos que devemos mergulhar, com cada um de maneira diferente, porque é lá o lugar da criação por excelência. Mas estas situações na vida são muito difíceis de ser vividas, por estarem ligadas à depressão, niilismo, à crítica e a muitos sentimentos negativos.

Neste caso a análise se parece com um parto. A vida nasce da dor. Mas, felizmente, só se trata de exceções. Normalmente, basta ocupar-se com atenção de onde o outro está na sua vida interior, ocupar-se de seus sonhos e fantasias, e isto é agradável, pelo menos quando a gente gosta. Isto não quer dizer que não seja cansativo: às vezes até esgota. Inevitavelmente a gente é contaminado pelos problemas dos outros. Mesmo depois de vinte anos de trabalho, cada encontro é sempre algo de totalmente novo. Mas, qualquer que seja meu cansaço, a minha satisfação é quando a alma se tornou presente em toda a sua densidade, eu diria até em toda a sua corporalidade.

Ieda: Agora você se sente tranqüilo?

Leon: Não existe mais a insegurança profissional, mas a inquietude permanece, ela é o fermento de uma busca interior. Assim, atualmente sinto um prazer enorme ao estudar as tapeçarias da Dama e do Unicórnio. São tapeçarias do século XV que atualmente se encontram no Museu Cluny em Paris e foram encontradas por acaso por George Sand no século passado. Rilke e outros grandes autores ficaram fascinados por elas. De meu lado, foi nestas tapeçarias que descobri o que são os cinco sentidos da alma (ouvir, ver, tocar, gostar, sentir) ou mais exatamente os seis sentidos da alma, o sexto sendo o Amor.

O fato de o Unicórnio ser um símbolo do Si-mesmo na sua realidade instintiva, pois é um animal, é para mim muito rico de sentido. De fato, na Idade Média, o Unicórnio era considerado um símbolo do Cristo. Isso quer dizer, principalmente, que a vivência do cristianismo se inscrevia nas profundezas instintivas da alma e, além do mais, que a experiência instintiva da vida tinha seu lugar dentro de seu cristianismo. É um universo que nem a psicologia moderna nem o cristianismo contemporâneo exploraram. De meu lado, encontrei lá uma resposta a muitas de minhas perguntas.

Ieda: Você busca que seus pacientes atinjam esses sentidos da alma?

Leon: Sim e não. Sempre existe uma tentativa de ajudá-los a se tornar presentes ao que são em si mesmos. Mas o que me preocupa primeiro é tentar ver o que vêm buscar comigo e o que posso dizer a esse respeito. Naturalmente, tenho a minha perspectiva e posso somente viver o que tem sentido para mim como terapeuta. Assim, algumas vezes, as pessoas erram ao bater em minha porta, ou pelo menos não sabem abrir de maneira certa no momento certo.

Ieda: E você diria que essa é uma profissão cansativa?

Leon: A profissão de psicoterapeuta é uma das mais difíceis, mais onerosas que existem.

Ieda: Uma das mais onerosas.

Leon: Sim, que esvazia. É por isso que necessito de dois meses de férias por ano. E hoje eu posso trabalhar só a metade de meu tempo.

Ieda: Que tipo de paciente chega para você como mais difícil ou pesado, aquele que o incomoda mais?

Leon: No sentido habitual da palavra, posso dizer que hoje não me deixo incomodar por ninguém. Em geral, é até uma parte de minha função: cabe a mim perturbar os outros, tirá-los de sua acomodação.

Quase em toda análise existem momentos difíceis, cruciais, em que se deve estar particularmente atento. O analista está aí para isso. Mas existem também problemáticas difíceis que a gente tem de carregar durante certo tempo, o tempo necessário. Penso, por exemplo, em inibições fortíssimas, que a prudência nos leva a não tocar; ou então em problemáticas obsessionais em que parece que se está sempre girando em torno do problema até que se abra uma perspectiva; ou, então, as transferências negativas que nunca se resolvem. Mas tudo isto faz parte da vida e do trabalho normal de um analista. O que pode até irritar-me são as pessoas que se fecham dentro de seu pequeno ego racional monolítico e psicologizam e patologizam tudo. Repugna-me mais do que o moralismo antigo.

Tudo é sempre tão difícil em terapia que sempre conto com a ajuda benevolente do espírito inconsciente da Natureza. Mesmo com a experiência profissional e o conhecimento aprofundado dos processos psíquicos, as coisas não se tornam mais fáceis. Em si não há nada fácil. O que simplifica as coisas e as torna mais ligeiras é o Amor com o qual vivemos a vida. O mais difícil de suportar? Meus fracassos, naturalmente, mas a gente aprende sempre muito com os fracassos.

Ieda: E com quem você sente mais facilidade, se sente mais à vontade, sente que seu trabalho flui mais?

Leon: Quando estão presentes os valores humanos elementares, o mínimo de abertura para o mundo interior, e existe um clima de abertura, uma relação de igual para igual para aprofundar o conhecimento de si e a humanização, então me sinto vivo.

Ieda: Não é tanto a identificação, então, que favorece o seu trabalho ou a sua disponibilidade. Seria mais um contato real que possa ocorrer. Aí, não importa muito se o paciente se identifica em valores com você, mas se ele está em contato com você.

Leon: Não, não tanto comigo, mas em contato com a alma, o que requer certas qualidades éticas, como, por exemplo, a honestidade intelectual.

Ieda: Qualidades morais?

Leon: Distingo entre dois tipos de moral. Uma que poderíamos chamar da velha moral, a das obrigações e dos deveres, que tem muito a ver com a moral social e, portanto, com a consciência coletiva, o Superego. Esse tipo de moral não tem nada a ver com a psicoterapia. Mas existe também a ética interior que é uma instância do Si-mesmo. Ser fiel à sua voz interior, isto é muito importante. Às descobertas do inconsciente precisa-se achar uma nova ética, isto é inevitável, pois o conhecimento de Si acarreta certas conseqüências éticas.

Não basta ter conhecimento de si mesmo, por exemplo, por meio do conhecimento dos sonhos, precisa-se com o tempo tirar as implicações éticas destes conhecimentos. Quem quiser escapar disso logo vai cair no princípio de poder e provocar reações negativas do inconsciente. A análise não tem nada a ver com a estética nem com a facilidade. O conhecimento de si mesmo muitas vezes produz e até reacorda terríveis conflitos morais interiores. Assim, a confrontação com a sombra é, em última instância, de ordem ética. Também o conflito interior de certas pessoas casadas que descobrem o amor fora do casamento e encontram-se diante de outro problema de ordem ética, diante a si mesmas e dos outros. E, freqüentemente, é depois de uma longa tortura que conseguem finalmente ver claro. De fato, a individuação nos coloca diante do problema dos opostos, o amor e o sofrimento, o bem e o mal etc. Há sacrifícios a fazer para tornar-nos o que somos e, antes de tudo, para reconhecer nossos erros. Mas qual é o sacrifício a ser feito? Isto é difícil de resolver. Para confrontar-se com estes conflitos existenciais exigem-se qualidades humanas e éticas, a começar por ouvir o seu próprio Si-mesmo. Parece-me que a honestidade na lucidez da consciência interior individual é fundamental.

Ieda: A autenticidade seria necessária?

Leon: Sim, mas o termo "autenticidade" hoje é tão gasto que não gosto mais dele.

Ieda: Uma presença a si próprio?

Leon: Sim, e um pouco mais do que isso; seria a coragem de viver o seu próprio destino.

Ieda: Você pretende continuar nessa profissão para o resto da vida, Leon?

Leon: Sim, mas dentro de novas perspectivas que foram se impondo a mim. Tenho a impressão de que estamos no fim da era analítica e do modelo médico e clínico. Não é por acaso que existem tantos novos modelos de terapia aparecendo a cada ano. A terapia individual é necessária, mas acho que as descobertas que se fizeram nos consultórios devem progressivamente penetrar na cultura e renová-la.

Ieda: Se você tivesse de me dar uma imagem, uma metáfora sobre o seu trabalho como terapeuta, o que você diria?

Leon: A de jardineiro ou de pai; sim, facilmente a de pai. Faz vinte anos, estive jantando com um velho analista médico e a conversa girava precisamente em volta deste tema. Disse para aquele médico: "Para você é fácil, você é psiquiatra de orientação analítica, mas eu não sou". Então a mulher dele me disse: "Mas a sua primeira formação não foi de jardineiro?" Falei que sim. Então me respondeu: "Agora você é jardineiro da alma". Esta imagem me convinha. Mas também a imagem do cozinheiro, que fica mexendo na sua panela em fogo lento para preparar um molho. O fogo das emoções é necessário. Mas até algumas vezes seria a imagem do diretor do jardim zoológico que conviria melhor... Para continuar a conversa com o velho médico, que sempre tinha muito sentido do humor, ele continuou: "Sim, para o nosso trabalho somos jardineiros da alma, tudo bem, mas a gente estuda muito e nosso trabalho às vezes é muito difícil; é por isso que para os nossos honorários guardamos o título de doutor!"

Ieda: Eu queria lhe fazer uma última pergunta, Leon. Eu sinto você uma pessoa mística, profundamente religiosa, num sentido amplo. Parece que para você existe um caminho ideal, um ponto a ser atingido. Eu fico me perguntando: com pessoas que não são místicas, que não têm um sentido religioso da vida, que têm uma concepção do mundo bastante diferente da sua, como é que você percebe esse seu tipo de trabalho com essas pessoas?

Leon: Quem se ocupa seriamente do inconsciente coletivo e quem experimenta estas forças suprapessoais, para quem o espírito do inconsciente coletivo se torna uma realidade quase palpável, diria até a Realidade, quem descobre que precisa se colocar dentro dos sonhos dos analisandos para trabalhar, torna-se uma pessoa religiosa e até mística, porque a experiência do arquétipo é uma experiência mística. A atitude ante o inconsciente é por excelência uma atitude religiosa e poética.

Mas levou anos até eu me assumir dentro de meus próprios valores. Agora que a psicologia moderna está para mim mais integrada à concepção cristã do homem e do mundo, me reconheço e posso muito melhor respeitar o outro no seu próprio sistema de valores filosóficos da vida. Antigamente, eu escondia para mim mesmo e para o outro esta dimensão essencial de minha vida. Isto constituía um problema, pois projetava inconscientemente as minhas exigências religiosas na psicoterapia e, portanto, sobre os outros, e por outro lado a minha atitude ambígua no plano consciente deixava o outro na ambigüidade. Agora, pelo que sou e não certamente pelo que digo, o outro, com o tempo, é forçado a confrontar-se com os seus próprios valores pessoais e assumi-los conscientemente. O que não é fácil. Lembro-me de minha primeira sessão terapêutica, 25 anos atrás, com a Dra. Jolanda Jacobi. O orgulho de ser judia se inscrevia no seu rosto. Isto me deixou imediatamente com um duplo sentimento de admiração e de temor. Ela não tinha medo de ser o que era, e sem que tivesse sido formulada a questão me foi colocada: e você, qual é a sua cara?

Tornou-se uma banalidade dizer que as psicologias modernas são confissões particulares que foram generalizadas para tornar-se um sistema doutrinal. Assim como a psicologia freudiana é uma versão moderna do mito do incesto, a psicologia junguiana é uma versão moderna do mito do herói à conquista do tesouro. O importante como terapeuta não é que eu seja ateu ou teísta, junguiano, freudiano, cristão ou judeu, mas que eu seja inteiro e que minha filosofia de vida me permita viver plenamente. Não posso reconhecer e aceitar os outros nos valores deles, senão na medida em que me reconheço e reconheço os meus valores.

Minha concepção de vida, inevitavelmente, está presente no meu trabalho cotidiano; é impossível que seja diferente. A famosa neutralidade científica, a *Epoché* de Husserl em psicoterapia me parece uma fantasia, uma isolação e uma objetivação, pois a arte requer o homem todo. É na interação de dois sistemas psíquicos que se desenvolve todo o processo analítico.

De maneira misteriosa, cada terapeuta, pelo que é, atrai certo tipo de pessoas. E cada terapeuta, pela sua própria personalidade, tem a sua própria sombra. A riqueza da psicoterapia moderna está no fato de haver diferentes escolas e personalidades tão diversas entre os terapeutas.

A análise é uma colocação na prática de um mito, mas também é um ritual. O fato de ter adquirido progressivamente consciência destas coisas me permite respeitar mais o mito individual de cada pessoa que me consulta. E chego pouco a pouco a conceber cada sessão como tendo o seu valor em si.

Lembro-me ainda de uma sessão com uma mulher ligeiramente histérica, que me consultou com a intenção de começar uma análise. No decorrer da primeira sessão estávamos no meio de sua problemática existencial, o que a deixou perturbada, mas mais viva. Na saída, ela me colocou a pergunta inicial: "Você acha que devo fazer a análise?" Raramente respondo a este tipo de pergunta, porque na verdade não sei. Porém, lá, eu estava seguro de que ela me consultaria de novo. Mas não foi o que aconteceu. Alguns meses depois me encontrei com o médico que me tinha recomendado esta pessoa e lhe perguntei como ela ia. Respondeu-me rindo: "Pena que todas as análises não sejam assim". Uma sessão tinha bastado. Vai muito bem. Infelizmente, é raramente o caso. Mas com este tipo de experiência aprendi que se deve relativizar tudo, o que dá uma maior abertura. Não é fácil, porque a contratransferência existe, é forte, e eu, por exemplo, sempre quero ir mais a fundo.

Odilon de Mello Franco

Ieda: Odilon, como é que você está se sentindo, como é que lhe chega a idéia de ser entrevistado sobre as suas vivências como terapeuta?

Odilon: Olha, a maneira como eu lido é como um certo desafio. A comparação que eu faria é com aquilo que a gente sente quando vai lidar com o paciente. Porque de alguma maneira a gente está se expondo. O paciente também tem uma capacidade de avaliar a gente. Então, uma entrevista como esta também seria uma situação em que eu vou ser avaliado, só que em outro nível, diferente daquele do paciente. E é por isso que eu estou equiparando as duas experiências sob o ponto de vista de um desafio. Porque de alguma forma é uma avaliação. Então, a primeira conotação que o seu convite me deu foi esta, não é? E talvez eu ache que há outro motivo. Poderia perguntar: "Mas por que você aceita um desafio?" Por dois motivos: um, porque há pouco tempo eu andei pensando nesta questão de psicoterapia. E, dois, porque muitas vezes a gente tem necessidade de trocar umas idéias ou necessidade de se expor mesmo, de se abrir com alguém que tenha a mesma experiência que a gente. Eu quero dizer o seguinte: que eu estou pensando mais em você do que no leitor. O leitor para mim ainda não existe.

Ieda: E o que eu tenho na minha cabeça é o leitor, principalmente o estudante de Psicologia. Porque eu atendo muito psicólogo que está começando a fazer terapia, a ser terapeuta, e a impressão que eu tenho é que muitos deles despencam na nossa profissão. Quero dizer: caem e não sabem no que caíram. Então a minha motivação é poder dizer: "Olha, a coisa é assim. Você quer ser terapeuta? Então você precisa saber como é isso no dia-a-dia, no decorrer dos anos. Saber em termos de sentimentos, emoções, preocupações ligadas a essa profissão. Você vai ter de lidar com esse tipo de coisa durante anos e anos". Bem, você é terapeuta há muitos anos, não é, Odilon?

Odilon: Há aproximadamente uns vinte anos.

Ieda: Vinte anos, um bocado de tempo! E você foi analista esse tempo todo?

Odilon: Não, quando eu comecei a ser terapeuta, eu fui muito influenciado por alguns colegas que tinham uma orientação analítica como referencial teórico e também como técnica. Então eu posso dizer que, no início, apesar de eu fazer terapia, de alguma maneira a idéia de psicanálise estava dentro de mim. Com todas as deformações possíveis etc. De maneira que o meu trabalho, inicialmente, eu posso chamar de terapêutico e, posteriormente, de terapêutico com tinturas ou até pretensões psicanalíticas. A partir do momento em que eu me decidi a iniciar a formação psicanalítica é que então começou a haver uma determinação maior para esse ponto. Agora, eu acho que o problema nunca é resolvido. Essa passagem, pelo menos no caso do psicanalista, nunca é resolvida, nunca encontra uma solução. Eu acho que a gente sempre tem dentro da gente, como psicanalista, ainda um pouco do psicoterapeuta e do médico. De alguma forma, a maneira de pensar do médico e do psicoterapeuta que eu também fui, que era muito ligada à Medicina, essa maneira ainda existe dentro do trabalho. E eu coloco isso como um fator de contradição; porque o que eu entendo como uma atividade psicanalítica não tem a ver com uma atividade médica ou uma atividade terapêutica.

Ieda: Odilon, vamos, por um momento, deixar de lado a idéia de uma contradição teórica e técnica entre estas três atividades, certo?

Odilon: Mais técnica e emocional.

Ieda: Para o paciente, o fato de você dispor destas três posturas, a de médico, psicanalista e a de psicoterapeuta, embora isso lhe traga uma contradição, para ele, você não veria benefícios? Você não acha que esta integração poderia redundar numa riqueza sua como pessoa nessa relação com ele? Esquecendo o que isto possa lhe trazer como contradição.

Odilon: Eu acho que as três posturas fazem parte da minha experiência humana, mas, na minha maneira de conceber a psicanálise, esta implica uma atitude que é diferente da do psicoterapeuta, a qual tem base na atitude médica de ser terapêutica, ou seja, visar à cura. Tenho a impressão de que o desejo de curar o paciente pode ser um fato limitante da gente ao realizar a experiência em termos analíticos.

Ieda: Você diz como analista?

Odilon: É, eu digo como analista.

Ieda: Odilon, vamos deixar de ser analistas um pouquinho. O seu desejo de curar, que você associa a uma atitude médico-psicoterapêutica, em certo momento de um trabalho terapêutico com determinado paciente, pode redundar em benefício? Esqueça que você é analista. Quero dizer, você se lembraria de algum caso, de alguma situação em que você pudesse dizer: "Para esse paciente eu não fui bom analista, mas eu fui muito bom para ele"?

Odilon: Ah! Acho que agora eu estou entendendo... Só que eu responderia de outro jeito. Eu acho o seguinte: que a contradição maior não está em querer ser médico ou querer ser psicanalista. É quando a gente coloca essas duas condições como fatores artificiais no diálogo com o paciente. O problema está aí. Não é bom que eu me sinta médico, isso é o que eu quero dizer. Nem bom que eu me sinta psicanalista; eu preciso me sentir gente, dentro de certo treinamento e dentro de certas condições de mente. Eu sou gente também quando estou com a minha família, mas eu não estou lá com as condições de mente com as quais eu estou com o meu paciente. Mas, ressalvadas essas condições de mente, o importante é que eu ultrapasse a idéia de que eu estou sendo o psicanalista ou o médico diante dele. Eu vou dar um exemplo para tornar mais claro: se eu estou com os meus filhos, o diálogo com eles é muito mais gostoso quando eu interajo com eles como uma pessoa, com um conjunto de experiências, do que com o rótulo de pai. Se eu puser assim: "Bom, eu sou pai dessa pessoa, então, agora como pai, o que eu devo dizer para ela?" Se eu tiver para mim essa postura, eu já estou falseando o diálogo e artificializando. Agora, transferindo para o paciente, se eu colocar: "Eu quero agora ser psicanalista, não vou querer curar". Ou se eu diante do paciente disser: "Não, agora eu vou ser médico, eu vou querer ajudar", eu estou artificializando também a relação.

Ieda: Tudo bem. E você sendo gente, então, você quer o que para o seu paciente?

Odilon: Eu acho que eu quero realizar com ele um momento de encontro em torno de alguma verdade. Isto para mim é muito gratificante. E acredito que, quando o paciente topa também essa verdade, naquele momento ele cresce. Então é gratificante para ele, embora possa também ser doloroso.

Ieda: Uma verdade possível para esse paciente, por exemplo, seria o desejo de ser curado por você. Poderia ser uma verdade ou um ponto nessa verdade?

Odilon: O desejo do paciente de ser curado por mim pode ser uma verdade para ele. Agora, eu diria, psicanaliticamente falando, que a verdade daquele encontro está em ele perceber que eu posso ser tão limitado quanto ele. E posso não curá-lo. Então, eu aí estou distinguindo a verdade, e a verdade do encontro. E a verdade do encontro pode ser isso: que eu não tenho poder de cura sobre ele. Mais ainda: outro aspecto dessa verdade é que, mesmo ajudando o paciente dentro de minhas limitações, eu o estou fazendo como conseqüência de uma postura profissional e não porque sou "bom" para as pessoas. Com essa distinção quero desmistificar a idéia de que o terapeuta ou o analista funcionam na base de um amor que transborda para o paciente e é o motivo dos seus atos profissionais. Se adoto uma atitude receptiva ao que me é dito, não o faço por uma qualidade moral minha, mas porque aquilo é importante para o processo em questão. A interpretação da minha bondade nesse ato é idealização do paciente, que deve ser denunciada, e na qual não posso embarcar sob pena de eu começar a idealizar a mim mesmo.

Ieda: Odilon, ainda falando desse terapeuta-gente que você mencionou. Vamos supor que, numa primeira entrevista, você depare com um paciente em estado de profundo desamparo e desespero. Como terapeuta-gente, você poderia dar algum apoio a ele?

Odilon: Então, vamos dizer o seguinte: talvez o apoio naquela entrevista inicial eu daria e posso dar, não em nome de uma formação médica ou de uma tradição psicoterapêutica dentro de mim. Eu daria em nome de algo na minha pessoa.

Ieda: Mas esse algo em sua pessoa, para um observador que estivesse assistindo à sessão, seria uma atitude médica ou psicoterapêutica?

Odilon: Mas a gente age assim não por ter sido médico, é uma racionalização; não por ter sido psicoterapeuta, mas porque está correspondendo à necessidade emocional da gente. Eu vou dar um exemplo. Quando se estuda Freud, muitas vezes se diz o seguinte: em determinado momento Freud deu uma ênfase terapêutica à Psicanálise porque ele era médico e o berço da Psicanálise foi a Medicina. Eu corrigiria isso. Freud, algumas vezes, em alguns momentos, deu uma ênfase ao aspecto terapêutico da Psicanálise por ele ser Freud. Por ele ter um conjunto de características de personalidade que o levavam a querer curar pessoas e não basicamente por ser médico. A condição médica é uma conseqüência e não uma causa. Então eu poderia responder que em determinado momento, se eu faço isto, eu devo assumir como algo meu e não como algo de uma assim chamada formação. Eu preciso assumir como meu.

Ieda: Certo, daí você ter procurado formações correspondentes a características suas.

Odilon: É, e eu estou lidando com as contradições dentro de mim. Na realidade, não são contradições entre Psicanálise e Medicina, são aspectos meus. A Psicanálise e a Medicina funcionam em determinado momento como continente desses desejos e desses aspectos meus. Apenas como continente e não como determinante.

Ieda: Bem, Odilon, a partir do que você falou, eu estou curiosa então para saber o seguinte: o que é ser terapeuta para você? O que é que o caracteriza? Na sua vivência, esqueça a teoria.

Odilon: Eu acho que é topar um encontro pessoal, uma relação pessoal. É, acho fundamentalmente isso. Para mim, a eficiência do processo psicoterápico está na relação. Então, ser terapeuta, para mim, é topar essa relação.

Ieda: Tudo bem. Mas que tipo de relação você estaria topando? Quero dizer, ela é bem diferente de uma série de outras, não é?

Odilon: Na minha vivência seria topar uma relação em que eu coloco em jogo minha personalidade no contato com a personalidade do Outro. E quando eu digo que a gente coloca nossa personalidade é porque nesse plano nós não temos nenhum instrumento. A personalidade do terapeuta é o único instrumento com o qual ele conta.

Ieda: Espere aí... Você tem também a sua técnica, você tem a teoria, você tem a linguagem, você pode se defender atrás dela.

Odilon: Exato. Eu posso até usá-la para defender a minha personalidade. Mas, fundamentalmente, o único instrumento que eu tenho é a minha personalidade. Por exemplo: quando o paciente me fala de amor, ódio etc., eu vou lidar com as ressonâncias dessas coisas em mim e por meio dessas ressonâncias é que eu posso atribuir um significado a elas. E eu posso então tentar passar para o paciente a minha versão sobre essas coisas de que ele está falando. Não é, em absoluto, a "verdade" que está sendo observada, mas as minhas transformações pessoais sobre a experiência que está sendo vivida. Por isso é que digo que, basicamente, estou contando com minha personalidade para observar.

Ieda: Odilon, lá atrás você tinha usado a expressão "encontro", não é? O encontro, para mim, pressupõe uma troca. Eu não vejo muito a Psicanálise em termos de troca. Eu vejo, sim, os psicoterapeutas, que seguem uma orientação geral humanística, trabalhando dentro dessa dimensão-troca, em que pode haver por parte deles abertura de seu mundo interno para o paciente. Quanto ao analista, eu o vejo muito mais protegido, resguardado.

Odilon: Talvez o que eu disse dê a impressão de que estou me referindo àquele mesmo sentido que outros dão a essa noção. Eu não quis dizer que eu revelo ao outro, espontaneamente, todas as minhas emoções, mas que é trabalhando as minhas emoções que eu posso transmitir algo de útil a ele.

Ieda: Tudo bem. Mas é um encontro de mão única, não é, Odilon?

Odilon: Não é de mão única porque ele me sente. O paciente acaba sentindo: muitas vezes ele não revela, mas ele sente. O que eu quero dizer é o seguinte: de alguma maneira nós nos expomos e se até nós nos protegemos é porque temos noção de que nos expomos. Além do mais, seria ingenuidade, por parte do terapeuta ou do analista, supor que está "protegido". É impossível que um encontro, quase diariamente realizado durante anos, como é no caso da análise, deixe de revelar a personalidade do analista. Estamos sendo continuamente observados pelos nossos pacientes nos mínimos detalhes. Freqüentemente somos "interpretados" por eles, que chegam a discriminar até onde podemos alcançá-los no que nos trazem. Com alguns pacientes, é até impressionante como captam nossos modismos, atos, falhas e pontos cegos. Enfim, temos um "jeito de ser" diante dos pacientes que não lhes escapa. Então, não vejo por que seja um encontro de mão única. O analista que quiser ser espelho integralmente poderá enganar a si mesmo, mas não ao seu paciente.

Ieda: Pois é, só que é um encontro encoberto, vamos dizer assim. Ao menos por parte de um dos participantes. Porque ele se expõe, você se encobre. Olha, não é uma crítica ao analista. Eu também trabalho dentro do encoberto. Quero dizer, só eventualmente eu dou alguma coisa da minha vivência pessoal quando acho que terapeuticamente pode ser útil ao paciente.

Odilon: Mas eu diria o seguinte: aquilo que de meu é encoberto tenta criar um campo facilitador para o indivíduo exteriorizar o seu mundo interno. Então, é uma atitude cuja finalidade não é propriamente me encobrir, mas proporcionar um campo em que o mundo interno da pessoa possa surgir e ele lhe ser, então, apresentado. É apresentar o paciente a si mesmo, através daquela experiência.

Ieda: Por isso que o termo "encontro", aí, não sei se está bem adequado, embora eu o use também. E o uso para o paciente, falando do nosso encontro. Mas é uma coisa que me "encafifa" um pouco, porque é bem como você colocou: o paciente se apresenta. Você cria condições, as mais favoráveis possíveis, para essa apresentação.

Odilon: Mas eu acho que é um encontro no seguinte sentido: com outro analista, a coisa estaria sendo completamente diferente. O campo que se cria entre os dois é função da personalidade dos dois, quer esse campo seja perceptível ou não, traduzível em linguagem verbal ou não. Mas o campo é função da personalidade dos dois, quer queiramos ou não; de maneira que esse encontro sempre existe. Tanto é que aquele paciente com outro estaria falando em outras coisas, sentindo outras coisas. Gostaria, aqui, de acrescentar algo sobre essa questão do encontro. Não sejamos demagogos! Todos sabemos que nosso "encontro" conosco mesmos é muito limitado, por força de nossas repressões. Muito mais ainda o é na relação com o outro. Então, quando falamos em encontro em dimensões humanas, não podemos esquecer todas as limitações que ele encerra. Idealizações à parte, fazemos o que podemos. É esta a autenticidade do encontro terapêutico ou analítico: a possibilidade de ser reconhecido que dele participam duas personalidades com seus bloqueios, contradições etc., que vão se cruzar em alguns pontos da caminhada. O mais é idealização. A propósito disso, me ocorre uma frase de Guimarães Rosa: "O real não está na saída nem na chegada; ele se dispõe para a gente é no meio da travessia".

Ieda: Você diria que o "encontro", então, se dá na dimensão da disponibilidade interna do terapeuta ou do analista para aceitar o Outro? Quero dizer, é um encontro no sentido de que eu estou disponível para aceitá-lo? Não que eu vou trocar com você as minhas coisas.

Odilon: Exato. Eu acho que, em outras palavras, é uma disponibilidade para ser continente. Continente de projeções e de tudo.

E por isso mesmo não é qualquer dupla que pode formar o momento terapêutico. Mas, aqui de novo, vamos tomar cuidado para não exagerar. É disponibilidade, como proposta, em termos humanos. É a disponibilidade possível para uma pessoa (o analista) que, apesar de ter sido também analisada (ou até por causa disso), se sabe limitada.

Ieda: Você está dizendo: "Nem todo mundo é disponível para esse encontro"?

Odilon: É. Exato. A ligação é uma escolha que pode ou não dar certo. O paciente me escolhe e de alguma maneira eu acabo escolhendo-o. E aí está um aspecto muito pessoal em jogo. E só o desenvolvimento da experiência dirá se ela permitirá um encontro criativo.

Ieda: E quando é que você se sente mais escolhido? Para que tipo de paciente você se sente mais disponível?

Odilon: Não sei lhe dizer. Nunca cheguei a colocar a coisa assim. Às vezes, a minha própria impressão sobre a disponibilidade varia. Eu posso até, no início, imaginar que vai ser fácil o diálogo com ele. Vai ser fácil eu aceitar as projeções, as identificações, e acaba não sendo. E o contrário também pode acontecer. De maneira que eu não saberia caracterizar um tipo de paciente em relação ao qual eu estaria mais disponível. Eu acredito que haja. Eu acredito que sim. Mas eu não saberia, no momento, verbalizar isso para você. E essa disponibilidade não tem nada a ver com a gravidade do caso. Nada, nada. Muitas vezes a pessoa diz: "Eu sinto que eu sou um caso grave e o senhor pode não me aceitar". Absolutamente; muitas vezes com o paciente psicótico, extremamente grave, eu me sinto muito bem. Então, não é por aí. Não é pela gravidade. Não é nem pela caracterização nosológica. É por um algo que está além dessas categorias de classificação. Eu acho que a gente só percebe, então, no decorrer do encontro.

Ieda: Poderia ser, por exemplo, o que você sente daquela pessoa nessa relação? Por ela querer trabalhar com você? Pelo esforço dela sempre muito presente na relação?

Odilon: Eu acho que não. Uma coisa que está me ocorrendo agora é a possibilidade de eu sentir no indivíduo certa disponibilidade para conhecer a vida mental que ele tem. Eu acho que isso ajuda a criar um trânsito. Veja que eu não estou falando de encontro, agora. Estou falando de trânsito bilateral. Para exemplificar com um caso oposto, vamos supor um paciente que vê as emoções como causadas pela realidade externa. Ele diz: "Então eu estou alegre porque fulano me gratificou, eu estou triste porque alguém não me gratificou, a vida é boa porque o dia é bonito, a vida é ruim porque o dia está feio". Relações com causas circunstanciais apenas. Aí eu acho que é mais difícil o trabalho.

Ieda: Mas você não acha que a grande maioria dos pacientes faz isso?

Odilon: Depende do grau em que é feito. Há pessoas que têm uma sensibilidade, uma possibilidade maior de perceber um pouco mais de si mesmas, embora também ajam assim. Mas essa dificuldade não é, por si só, um critério de escolha.

Ieda: Eu acho que isso, via de regra, é decorrência do trabalho terapêutico.

Odilon: Também pode ser. Agora, como você estava colocando em termos facilitadores, me ocorreu isso, embora eu nunca tivesse pensado. Em termos facilitadores, o próprio trabalho pode ser facilitador.

Ieda: Odilon, indo agora para um campo mais pessoal, o que levou você a ser terapeuta? O que o motivou, por que você começou a pensar nisso?

Odilon: Eu acredito que as idéias que a gente possui são racionalizações.

Ieda: Não dá de analista em cima de você.

Odilon: Estou querendo evitar isso. Quero dizer o seguinte: que o que eu posso dizer poderá ser uma racionalização.

Ieda: Tudo bem. Vamos em frente, então.

Odilon: Eu sempre tive uma atração pelo psíquico, pelo fenômeno, pelo fato psicológico. Isso me marcou muito, mesmo quando eu era estudante. Mesmo na Faculdade, eu comecei as minhas primeiras incursões no campo da noção de homem, da noção de conflito, da noção de emoções. Agora, essa atração pelo lado mental, acredito que coincidiu com uma época em que eu estava muito necessitado de me descobrir.

Ieda: E como você vê a sua evolução como terapeuta? Pensando lá no começo, o que você acha que mudou, o que foi difícil antes e agora não é mais? O que é difícil agora?

Odilon: Acho que o que mudou foi eu ter uma noção maior da dificuldade da formação e das limitações do trabalho. Acho que isso mudou bastante. No início, a idéia era a seguinte: eu imaginava que encontraria em algum lugar pessoas, um processo de formação que me fizessem terapeuta. Agora eu sinto que ninguém me fez, ninguém ou nada me fará. Ou eu tenho condições para serem desenvolvidas ou não tenho. A coisa vem de dentro. Estou querendo dizer que também desidealizei um pouco, não só a mim mesmo, no sentido de ficar mais inseguro, como desidealizei também a idéia de que encontraria um recurso exterior, uma técnica ou uma escola psicológica que me trouxessem as capacidades com as quais eu iria operar. Veja bem, isso não quer dizer que sou adepto do *laissez-faire* e da improvisação. Acho que tenho muito a estudar ainda.

Ieda: Então eu acho que você praticamente está dizendo o seguinte: eu percebi que não é nada disso que faz um terapeuta. Então, o que é que faz um terapeuta? Essas condições de que você falou: "Ou se tem ou não se tem".

Odilon: Olha, acho que em primeiro lugar é amar o que fazemos. Amar, eu acho importante. Se quiser dizer isso em termos psicanalíticos: a possibilidade de a gente colocar *libido* nesse trabalho. A segunda coisa seria a gente ter maior contato com a gente mesmo, através de análise pessoal; acho isso mais importante que supervisões e cursos. Porque, desde que se parta do princípio de que estamos trabalhando com a personalidade da gente, então a análise pessoal é nuclear. Ela seria um meio para apurarmos a nossa sensibilidade para com o fato mental, a realidade interna. Essa sensibilidade, a meu ver, tem algo relacionado a outra condição pessoal que eu chamaria de fé. Fé no mundo mental inconsciente, pelo menos para quem trabalha em nível psicodinâmico. E, finalmente, eu citaria a questão da disponibilidade para a relação com o outro, porque sem essa relação não há terapia psicológica.

Ieda: Ter disponibilidade...

Odilon: É. Ter capacidade para ser continente de todo aquele caudal de emoções que a relação suscita.

Ieda: Você diria que a sua experiência de vida, as suas vivências, as suas viagens, estudos, as relações humanas, você diria que estas coisas são importantes para fazer um terapeuta?

Odilon: Eu acho que sim. Agora, é preciso que a gente tenha condições de captar essas situações e transformá-las em experiência.

Ieda: Certo.

Odilon: Muitas vezes, por exemplo, a gente ouve uma conferência ou lê um livro, mas não tem condições para transformar aquilo em experiência. Posso citar um dado pessoal. A primeira vez que eu li Melanie Klein, detestei, porque aquilo não repercutiu nada em mim. Não batia com a minha experiência. Então eu achava aquilo uma coleção de idéias, assim...

Ieda: Esdrúxulas.

Odilon: Esdrúxulas e muito pouco digestivas. Depois, com uma terapia e uma análise, pude fazer uma leitura de Melanie Klein que tinha significado, e então aquele discurso adquiriu significado para mim. Antes não.

Ieda: Aí, digamos assim, você internalizou a leitura.

Odilon: É, vamos dizer, havia um espaço já criado dentro de mim para eu internalizar a leitura. Houve um encontro lá dentro. Então, em relação a essas questões todas, mesmo supervisões, às quais se dá muito crédito hoje em dia, o benefício está muito na dependência do momento de desenvolvimento em que a pessoa está. E esse desenvolvimento, a meu ver, depende de uma análise.

Ieda: Mesmo a própria terapia, não é, Odilon? Eu acredito que também para a própria terapia, para determinadas pessoas, haja um momento. Você encontra muito paciente que vai fazer terapia porque é preciso fazer, porque todo mundo faz, e não é o momento ainda, não há espaço ainda dentro dele para um engajamento nesse tipo de trabalho.

Odilon: Eu me lembro, já aconteceu mais de uma vez. Mas, numa ocasião, uma paciente ficou com o meu nome e telefone durante dois anos na bolsa que ela carregava todo dia. Até que um dia ela me telefonou, marcou consulta e iniciou o processo. Aquele foi o momento. Há um certo tempo eu recebi também um paciente que me procurou uma primeira vez; disse que desejaria fazer análise comigo, mas confirmaria o início, e ele confirmou realmente, um ano depois. Ele precisou de um ano, outros precisam de meia hora, sei lá, não é? Mas por que a gente está falando disso? A história da gente, não é? Do momento de aproveitar as experiências.

Ieda: Odilon, eu queria lhe fazer outro tipo de pergunta. Que influência esse tipo de trabalho que a gente faz teve e tem sobre a sua pessoa? Porque, para mim, chega assim: todas as profissões podem enriquecê-lo; elas lhe dão *know-how*, informações etc. Mas a nossa atua muito sobre a nossa personalidade. Então, em termos de seu desenvolvimento, o fato de você ser um terapeuta, de que forma isso atuou sobre a sua pessoa?

Odilon: Eu acho que atua, atuou e atua em dois sentidos bem diferentes. Vamos ver. Primeiro, num sentido gratificante, é a satisfação do trabalho. É o que a gente aprende como experiência humana, do conhecimento do ser humano, da gente e do Outro. Esse é um aspecto que eu acho gratificante. E não leva, como alguns pensam, talvez, a uma visão pessimista do homem. Eu acredito que não. Leva a uma visão muitas vezes até ao contrário. Que muitas vezes, mesmo odiando, sendo invejoso, mentiroso, o ser humano também tem aquilo que a gente pode chamar de alguma coisa que enternece a gente. Esta é uma experiência importante. Por mais difícil que a pessoa pareça, há alguma coisa nela que se aproxima daquilo que eu julgo de bom em mim também e nas outras pessoas que eu considero boas. Esse é um lado e acho que mexe muito com a gente. Mexe também no sentido de que estamos expostos também. Como eu tinha dito antes, se o processo se desenvolve por meio de uma relação, eu estou expondo minha personalidade de alguma forma pelas respostas que, da minha parte, ajudam a configurar a relação. Minhas interpretações, por mais descabidas que possam aparentar, são as minhas e só minhas.

Ieda: Ele, o paciente, está continuamente tocando-o...

Odilon: É, e dizer que há um trânsito em direção ao paciente implica considerar poder fazer dele continente de emoções. Então o trabalho passa a fazer parte da necessidade emocional. Às vezes, por exemplo, quando a pessoa não pode deixar de trabalhar, de atender, é porque ela está precisando do paciente.

Ieda: Aquele paciente faz um bem...

Odilon: O indivíduo, às vezes, fica falando que precisa de férias, e chegam as férias e ele sente um vazio... Por que será, não é? Então o paciente também pode ter um significado para a pessoa do terapeuta. Alguma conseqüência fica disso. O problema é o grau em que isso ocorre. Se muito intenso, pode distorcer o processo, levando a pontos cegos e a um conluio de mútua dependência. A gente nunca passa em branco pela experiência.

Ieda: Marca...

Odilon: Alguma coisa acontece na gente durante o processo.

Ieda: Marca para a gente como marca para o paciente.

Odilon: Você já pensou que um terapeuta pode até sofrer regressões parciais e até alucinar com o paciente, durante as sessões? Num grau mais extremo, você já ouviu falar de terapeutas, principalmente não bem preparados, que psicotizaram durante o processo? Isso são fatos! Agora, há outra influência bem freqüente, que para mim é sinal de resistência por parte de terapeutas mal analisados. É quando o indivíduo acaba se identificando com o papel. É preciso notar o seguinte: eu sou eu em qualquer lugar. Agora, no momento em que estou com o paciente, procuro ter uma condição de mente que me facilite o propósito daquele momento, daquele trabalho. Vou procurar em grande parte me despojar de memória, de desejo, para facilitar o trabalho analítico. Agora, eu acho que existe um certo perigo de a gente colocar isso, o que é próprio do *setting* analítico, fora dele. Portar-se "psicanaliticamente"...

Ieda: Fora, no mundo social.

Odilon: É. E esse "psicanaliticamente" não é como o leigo pode pensar: estar interpretando tudo. Não é isso. O que eu quero dizer é que o risco não é de a gente ficar interpretando tudo lá fora. É não se dar conta de que o momento é outro. Essa falta de discriminação é psicótica.

Ieda: E você tem de entrar na relação de outra forma.

Odilon: De outra forma, porque a relação é outra.

Ieda: Odilon, voltando um pouco para trás, para o que você disse sobre a sua forma de entrar em relação com o paciente. Não está muito clara para mim a forma como você entra nessa relação. Parece-me, por um lado, que você privilegia uma certa condição de mente na qual não deve haver nem memória nem desejo. E, por outro lado, você fala numa condição de disponibilidade que, me parece, você identifica com amar. Não há uma contradição aí?

Odilon: Não é uma contradição. Vou tentar explicar. Quando eu digo: sem memória, sem desejo, é porque considero esses fatores como sensoriais. Eu preciso me despojar dos fatores sensoriais. Por exemplo, não preciso olhar para o paciente para estabelecer uma relação analítica com ele. Preciso me despojar dos fatores sensoriais exatamente para que possa haver uma captação e um trânsito maior dos fatores emocionais. Esses fatores sensoriais podem até obliterar a captação do fato emocional, que não é um fato sensorial, é de outra esfera. Eu quero estar mais disponível, inclusive, para entrar nessa esfera com o paciente. Quando falei de amor, me referi ao trabalho como um todo, como uma disponibilidade para a realidade psíquica. Sem libido não há profissão, nem nada.

Ieda: Odilon, ainda falando da influência da profissão sobre as nossas personalidades. Que características da sua personalidade ou do seu comportamento sofreram a influência do fato de você ser um terapeuta?

Odilon: Eu responderia que há influência. Mas com uma ressalva: eu não saberia delimitar exatamente a fronteira entre aquilo que veio do trabalho e aquilo que veio da minha análise. E até poderia dizer que o trabalho propiciou dentro de mim um encontro com algumas realidades minhas que foram abordadas na minha análise.

Então, nesse sentido, a fronteira entre esses dois fatores fica ainda menos nítida. Bom, eu também poderia dizer que o trabalho tem um aspecto de satisfação, de reparação. Isso tudo é conseqüência, não é?

Ieda: Claro.

Odilon: Mas não confundamos conseqüências com objetivo. São duas coisas diferentes. Se eu depender do meu trabalho para isso, então estou fazendo um uso indevido do meu paciente.

Ieda: Você diria que a sua concepção de mundo, modo de ver a relação humana, significado de vida, enfim, seu posicionamento diante da existência, vamos dizer assim, foi influenciado por esse tipo de trabalho?

Odilon: Eu acho que muito. O que até pode ser um risco no seguinte sentido: já que nós estamos falando de psicanálise, que é o meu ramo, é acabar vendo a psicanálise, o trabalho da gente, como o continente da verdade, como englobando a verdade, e com isso a tendência para se fechar a outros campos de realidade que podem conter aspectos muito importantes da verdade que a psicanálise não pode dar. Há outros níveis de experiência humana muito importantes, que o *setting* não comporta.

Ieda: Odilon, nesses vinte anos de contato com pessoas tão diferentes, com visões de mundo diversas, você nota que alterou suas próprias percepções e visões do mundo?

Odilon: Muitas vezes eu e o paciente podemos ter muitos pontos em comum e ele pode me levar a perceber isto... A ser mais tolerante, eu acho que é a palavra que eu estava procurando. O que não quer dizer que deixe de haver intolerância. Mas há um caminho para uma tolerância maior ao que é humano.

Ieda: Talvez por a gente ver tantos caminhos diferentes nessa profissão, não é, Odilon?

Odilon: Os caminhos aí, você diz...

Ieda: Os caminhos em termos de desenvolvimento de cada pessoa, de como ela vai evoluindo, do que é significativo para ela, que não faz nenhum sentido para mim, que não tem nenhum valor para mim. Você estar posto diante de uma realidade, e permanentemente, com a qual você não comunga inúmeras vezes. Eu acho que você está ajudando o desenvolvimento daquilo. Você está permitindo que a pessoa cresça dentro daquilo que é absolutamente dela e nem sempre bate, nem sequer é aceitável, muitas vezes, para você.

Odilon: Isso aí que você está dizendo, exatamente isso, talvez eu pudesse traduzir na seguinte idéia: que a partir do momento em que a gente emite a interpretação ela já não é mais nossa. O uso que a pessoa possa fazer dela é infinito. É um pouco também como os filhos, não é? A partir do momento em que a gente põe o filho no mundo, não se sabe que uso ele vai fazer da vida.

Ieda: E dos seus ensinamentos.

Odilon: Também dos ensinamentos. Mesmo porque o desenvolvimento que alguém consegue não é o desenvolvimento desejado, mas o possível.

Ieda: Esse processo de crescimento, de desenvolvimento, o que é isso afinal, não é, Odilon? O que é que está em jogo? Porque tanto na relação com o paciente, quanto na relação com os filhos, para mim, a coisa é um processo de desenvolvimento pessoal. O que a gente emprega para que esse desenvolvimento ocorra, e o que a gente pensa que está acontecendo e o que de fato está acontecendo? Como é que você elabora o que você dá? No fundo, eu acho que a gente tem muito pouco conhecimento sobre esse processo todo.

Odilon: E é muito complexo, também.

Ieda: É um poder extremamente limitado sobre o que você gera, o que depois acontece, não é? Isso me leva a pensar na impotência do terapeuta.

Odilon: Acho que não seria bem uma impotência, eu chamaria de limitação. A gente não é impotente, a impotência é outra ordem de fatos, é a contraparte do desejo da onipotência. Por exemplo, se se pensa naquilo que é interpretado numa sessão e naquilo que o paciente percebe nessa sessão, vê-se que essa percepção é uma fração muito limitada do que acontece. A recíproca também é verdadeira. Muitas vezes, você até pode levar um caso para supervisão; um caso, uma sessão em que você estava até bem à vontade nela e viu muitas coisas. Chega lá e o supervisor vê outras coisas muito diferentes, que não contradizem as suas, mas que são um outro ângulo de abordagem. É isso que chamo de limitação.

Ieda: E o paciente, certamente, terá visto e captado outro.

Odilon: Outro ângulo. Então acho que aquilo que a gente percebe é muito pequeno e pouco de tudo que se passa na relação.

Ieda: Para muitas pessoas esse tipo de relação pode dar a impressão de ser uma conversa de loucos.

Odilon: Para quem está fora da relação. Se nós imaginarmos um observador, ele poderá achar que se trata de conversa de louco, porque ele está fora do campo emocional que se estabeleceu ali entre os dois. A sensação de loucura seria pela ausência de captação de significado. Mas para a dupla é o campo relacional que confere o significado e não as coisas que são ditas. Por exemplo, você vê os namorados no jardim olhando a lua e trocando beijinhos. Para o observador externo aquilo pode ser a coisa mais ridícula do mundo. E, no entanto, está impregnada de significado. Ou então, por exemplo, uma pessoa rezando; para alguém que não tenha a noção da experiência religiosa, aquilo pode parecer extremamente vazio e ridículo, quando pode estar, ao contrário, pleno de emoções. Porque o significado é alcançado por quem está dentro. É por isso que nosso trabalho nunca dá para ser reproduzido posteriormente. Como aqui talvez, também. O que nós dois vivemos durante essa entrevista o gravador não captou. Ele captou os dados sensoriais do encontro.

Ieda: É, tampouco eu captei o que você está vivenciando.

Odilon: Exato.

Ieda: Olha, Odilon, eu concordo com tudo que você falou. Paciente e terapeuta estão num campo, eles têm uma compreensão daquele campo, mas há momentos em que eu estou captando alguma coisa que talvez não esteja no mundo interno do paciente. É quando ele me diz: "Não, não é isso". Então eu percebo que estou em outro universo completamente diferente, eu preciso do "não" dele para voltar para o universo dele.

Odilon: Você sabe o que eu diria sobre quando o indivíduo diz "não é isso" para a gente? Ele pode estar tendo a impressão de que eu estou querendo falar de uma verdade, de uma "coisa em si". De uma coisa observável concretamente. Eu estou falando para ele, em dado momento, da minha versão da coisa e não falando sobre a coisa em si.

Ieda: É. Mas a sua versão das coisas, do meu ponto de vista, só vale a pena se ela corresponder ao que se passa com seu paciente.

Odilon: Quando tiver alguns pontos de contato, alguns elementos comuns, a que Bion deu o nome de invariantes. Isto é o que torna a comunicação significativa. Agora, jamais é a expressão da realidade.

Ieda: Mesmo porque eu acho que a realidade interna de uma pessoa você não alcança nunca. Você alcança fragmentos. E, às vezes, nem sequer fragmentos você está conseguindo alcançar. Que é quando ele pode lhe dar um "não".

Odilon: Eu diria que há momentos em que a percepção da gente se encontra com a percepção do paciente. Aí, há um momento criativo então, que se passa em outro nível de experiência. Agora, esses momentos não são muito freqüentes mesmo. No máximo são preparativos, eu diria. Eu daria até a comparação com o ato sexual. O ato sexual não é feito inteiro de orgasmos. O orgasmo é um momento do ato. Quanta coisa existe antes...

Ieda: De acertos e desacertos...

Odilon: Até chegar lá. Esse momento de encontro... E muitas vezes ele é tão fugaz quanto o orgasmo. Acho que o modelo sexual pode transmitir a idéia.

Ieda: Do encontro terapêutico. Isto é um perigo ser publicado!

Odilon: Exato. Aliás, deixe eu contar uma coisa. Alguém estava ouvindo a palestra do Bion, na qual este estava falando exatamente sobre esses momentos criativos. Ele achava esses momentos de encontro, de *insight* muito raros dentro da análise. Na experiência dele, podiam até se passar dois meses sem que houvesse esse momento. Então, uma pessoa virou-se para ele e falou: "Mas Dr. Bion, e nos intervalos disso, o que é que a gente fica fazendo?" Aí ele virou e disse: "Bom, a gente fica fazendo psicanálise".

Ieda: Ótimo, é isso aí. A Psicanálise é um processo de preparação permanente para "o momento".

Ieda: Deixe eu lhe fazer a última pergunta: Se você tivesse de dar uma metáfora que ilustrasse o que é ser terapeuta, para estudantes de Psicologia, o que lhe ocorreria?

Odilon: Bom, há pouco tempo eu dei uma metáfora, a do encontro sexual.

Ieda: Ah, certo. Mas eu queria uma imagem mais ligada à figura do terapeuta e não ao processo de trabalho dele.

Odilon: Me vem a idéia de ser um continente.

Ieda: Você diz terra firme?

Odilon: Não. Mas como um espaço disponível para as emoções do paciente sofrerem um novo arranjo combinatório.

Ieda: E quanto à metáfora conhecida, de ele funcionar como uma mãe?

Odilon: É. Agora, é preciso lembrar de mãe no seguinte sentido: daquela que é enquanto depende do filho para sê-lo. Ela não é mãe independentemente do filho. É na relação com o filho que ela se torna mãe. Eu estou marcando isso, para não dar a impressão de que é uma relação em que a mãe preexiste ao filho. Mas ela é mãe, na relação. Ela vai sendo, na medida em que tem uma relação com o filho. O filho também cria a mãe. Então, nesse sentido, ela também é dependente do filho.

Ieda: É, de fato. Só nessa relação que a gente pode existir mesmo, com essa característica. Só mesmo na medida em que a relação vai se desenvolvendo. Talvez por isso a gente se sinta tão responsável.

Odilon: Responsável em que sentido?

Ieda: Pelo outro... Cuidar dele, do desenvolvimento dele, sem saber a direção, não é? Que é dada por ele. Sem tirar a responsabilidade dele.

Odilon: Eu especificaria um pouco: ser responsável pela relação com o outro, que eu estou estabelecendo naquele momento, sabendo que aquela relação é muito importante, jamais inócua.

Ieda: Concordo.

Odilon: Estou enfatizando a condição na relação, a importância da formação do terapeuta para a relação e a responsabilidade dele nela. Porque tudo se passa através de uma relação e não de um jogo de idéias. Algumas pessoas pensam, por exemplo, que fazer uma terapia é aplicar uma teoria aos problemas do paciente.

Ieda: Eu estava pensando em certos pacientes psicóticos, num momento de extrema delicadeza vivenciado por eles, onde, aí, eu me sinto responsável não só pela relação, mas por eles realmente. Pelo que resta ainda da capacidade de integração em certos momentos muito delicados. Odilon, uma última pergunta. Você pretende continuar nessa profissão pelo resto da vida?

Odilon: Eu acredito que pretendo. É o que eu sei fazer, o que eu me treinei para fazer. Pode ser que as circunstâncias de vida me levem um dia a outro tipo de atividade, nada é impossível. Mas sinto que estou muito identificado com esse tipo de trabalho. Quando me imagino trabalhando no futuro, é a imagem do trabalho atual que me vem à mente. A única diferença é que não me vejo apenas trabalhando, mas tendo também inúmeras vivências de outras experiências de vida diferentes. Algo como abrir mais o leque.

Ieda: E o cansaço, depois de vinte anos? Como ele chega?

Odilon: Ainda não deu para cansar.

Ieda: Não?

Odilon: Não. Não deu. Acho que, quando a gente trabalha melhor, a gente cansa menos. Porque você não fica com coisas não digeridas dentro de você. O que cansa a pessoa são os conflitos, os pontos cegos, as resistências, as memórias inúteis. Quando a comunicação com o paciente flui sem malabarismos intelectuais e verbais, a conseqüência interna é de tranqüilidade. Agora, se a gente quiser salvar o mundo por meio desse trabalho... Daí, acho que é importante ter-se também outras esferas de vida. Porque senão toda gratificação vai depender do trabalho, com o risco de a gente se tornar um parasita do paciente para ter gratificação. Aí eu acho mau. Daí a pessoa nunca poder largar o trabalho. Se a gente tem uma vida familiar relativamente equilibrada, uma vida social gratificante, outros interesses, a relação com o trabalho se torna menos carregada de desejos.

Ieda: Aliás, não é incomum você ver terapeutas que estão passando por crises pessoais se lançarem desvairadamente ao trabalho, dobrarem o número de pacientes.

Bom, Odilon, eu acho que a gente pode ir parando por aqui. Muito obrigada pela sua colaboração.

Odilon: De nada.

Paulo Barros

Ieda: Paulo, acho que vou começar de uma forma diferente; você disse que ainda estava envolvido com suas coisas de casa, com outras coisas que o ocupavam, e agora você vai ter de passar para outro tipo de trabalho que o mobilizará em outro sentido, não é? Então eu gostaria que você me falasse um pouco acerca disso, como é sair de casa, deixando esses assuntos, para vir atender pacientes e como é que você faz para se "esquentar"...

Paulo: Eu já estou fazendo isso, já estou me esquentando e vou dizer-lhe exatamente de que modo. Estou fazendo isso olhando para você, já estou me sentindo mobilizado com a sua presença, com um certo calor que há em você. O modo fundamental, Ieda, de me situar é vincular-me com a situação do momento, deixando as outras coisas para trás. A minha situação aqui é você, assim como na terapia a minha situação é o cliente, e a maneira de me envolver e de me aquecer, para desenvolver o trabalho, é fundamentalmente olhando para a pessoa, começando a estabelecer contato, prestando atenção ao que percebo, ao que sinto e estabelecendo um vínculo com essa pessoa.

Ieda: Você tocou num ponto interessante, falando no calor que sente em mim, por exemplo. Há pacientes que transmitem calor, mas há outros que transmitem frio; há um silêncio que não é de contato, mas de distância. O que acontece quando você também vem frio de casa e depara com um cliente assim?

Paulo: Eu falei de calor; no caso do cliente frio, o que costumo fazer normalmente é continuar olhando, e me pergunto: o que está acontecendo? Por que será que ele está frio? Onde será que ele está, por que não está aqui? Será que me vê? Percebe que estou olhando para ele? Que estou tentando estabelecer contato com ele? O que está acontecendo com ele? O que é isso que estou percebendo? Essa frieza – ele está frio ou distante? Será que sou capaz de ver alguma coisa nele, de perceber o que está acontecendo?

Ieda: É sempre fácil para você usar esse processo, mesmo nos dias em que vem frio de sua casa?

Paulo: Quando venho frio, é fácil. Há outra situação em que é um pouco mais difícil: quando me sinto muito envolvido com alguma coisa, muito preocupado e mobilizado em outra direção.

Ieda: Isto é, quando está muito quente em outra direção...

Paulo: Exato; isso acontece, por exemplo, quando eu saio de uma sessão que me mobilizou muito, com a qual me envolvi especialmente, que se alongou além do horário normal por ter havido um envolvimento excepcional. Quando isso ocorre, dependendo do caso ou da pessoa, chego a dizer ao recém-chegado: "Ainda não estou completamente com você, ainda estou mobilizado com outras coisas e estou começando a estar com você..."

Ieda: Paulo, acho que ser terapeuta é algo muito específico para cada um de nós; pela convivência com os colegas, sente-se que a vivência de ser terapeuta é uma coisa muito específica. Então, gostaria de saber como é, para você, essa vivência de ser terapeuta.

Paulo: Para mim, Ieda, ser terapeuta supõe um interesse humano muito grande, um interesse pela pessoa que está diante de você. Supõe um interesse pelas coisas humanas e disponibilidade para perceber o que está acontecendo com a pessoa, uma curiosidade especial e específica a respeito da pessoa em questão. Trata-se de um trabalho extremamente pessoal; é preciso saber o que está acontecendo com a pessoa, como ela está, o que está se passando, como os acontecimentos se constituíram, por que a pessoa é como é, está como está, nos seus aspectos problemáticos, nas suas dificuldades, mas também em seus aspectos saudáveis e em suas possibilidades de expressão. Acho que é este o centro de motivação, e é isto, Ieda, o que me mantém dentro da minha atividade e o que me prende a ela. É fundamentalmente um interesse genuíno em relação às coisas humanas.

Ieda: Você usou a palavra "curiosidade", aparentemente, com o sentido de "disponibilidade", mas de qualquer forma isto me soou um pouco pejorativo, tratando-se de um paciente; o que você entende por "curiosidade"?

Paulo: A palavra "curiosidade" levanta o problema do respeito, ou da maneira de estar curioso. Há muitas maneiras erradas de estar curioso. Esta pode representar uma invasão da intimidade, pode ser imprópria, pode ser mobilizada por algo da sua esfera pessoal, tornando-se de algum modo desrespeitosa. Mas há também um sentido positivo da curiosidade. É a sua especificidade, você deve envolver-se, interessar-se pela pessoa. Sua curiosidade não pode desviar-se dela, não deve ser, por exemplo, uma curiosidade teórica, a de saber como se aplica à pessoa um conceito teórico. Não deve ser uma curiosidade relativa a um assunto, nem ser maior do que o interesse ou respeito específico por aquela pessoa. Ou melhor, deve-se respeitar a particularidade daquela pessoa.

Ieda: Do momento que ela está vivendo...

Paulo: Exatamente, do momento que ela está vivendo, das possibilidades que ela tem de abrir para si própria, perante você, um aspecto qualquer de sua vida.

Ieda: Quando você diz que a atitude terapêutica não deve ser teórica, o que pretende dizer é que o paciente que está diante de você não suscita em você nenhum questionamento teórico naquele momento. Só depois, no momento em que você está estudando o caso, se coloca a necessidade de uma reflexão organizada e de uma postura teórica. Em suma: há uma discriminação entre o momento do encontro com o paciente e a elaboração do problema por ele proposto em nível teórico. Mas, diante dele, o aspecto teórico não passa pela sua cabeça...

Paulo: O aspecto teórico pode passar pela minha cabeça, mas a minha centralidade deve continuar sendo o cliente, a pessoa, e suas condições específicas. Posso ter uma idéia teórica na cabeça, mas não devo prender-me a esclarecimentos teóricos na hora em que estou com o cliente. Não devo estar implicado ou envolvido com uma teoria, mas com a pessoa. Essa é a diferença.

Ieda: Eu perguntei a você, Paulo, o que caracterizava a posição do terapeuta, suas dificuldades e seu modo de ser. Acrescento agora uma pergunta semelhante: queria saber como você se percebe na sua prática terapêutica cotidiana, qual a imagem que você tem de você mesmo, exercendo essa atividade.

Paulo: Uma das coisas eu já falei, respondendo à pergunta anterior; reafirmo o interesse pela pessoa, eu a olho, me vinculo a ela e abro-me atentamente aos seus problemas.

Ieda: Você se percebe basicamente vinculado...

Paulo: Vinculado...

Ieda: Ligado a ela?

Paulo: Exatamente, atento, procurando perceber o que acontece, o que está acontecendo etc. E há outra coisa: freqüentemente sinto que estou atento a mim mesmo, atento ao que acontece comigo, como estou, como aquilo que o cliente está trazendo, quer sob forma verbal, do relato, daquilo que está me contando, quer sob outra forma qualquer, o que isto tudo suscita em mim. Porque uma das formas de perceber o que está ocorrendo à minha frente é observar que respostas estão sendo suscitadas em mim, como estou sendo atingido pela pessoa. Em outro nível, pesquisando de que maneira eu, com meu modo de estar, estou criando ou fazendo parte do processo que está acontecendo na minha presença. Se mantenho determinada atitude, determinado estado de espírito, uma disponibilidade maior ou menor, vejo como tudo isso condiciona o que está ocorrendo com o cliente: como ele está reagindo à minha presença e à minha maneira de estar. Esta é, portanto, outra coisa: estar constantemente atento, prestando atenção, procurando descobrir o que está ocorrendo em mim.

Ieda: Se auto-observando...

Paulo: Isso, auto-observação.

Ieda: Essa sua auto-observação é uma maneira indireta de você tentar saber o que está acontecendo com o seu paciente?

Paulo: Exatamente...

Ieda: Você parte do pressuposto de que o que percebe em você seria em grande parte vindo do que a presença dele está suscitando?

Paulo: Exatamente...

Ieda: Mas o que se passa em você, Paulo, também pode estar ligado às coisas que você deixou em casa; acho que as duas coisas estão juntas. Como terapeuta você está disponível inteiramente para o paciente, você não está livre mesmo quando acaba de atender outro paciente: digamos, você vai refletindo coisas, desde sua vida pessoal, até a problemática de cada pessoa que você atende... Eu não sei, mas saber o que se passa com um paciente baseado só nas suas próprias reações é uma faca de dois gumes...

Paulo: Esse, Ieda, é o problema fundamental em relação a qualquer coisa humana: o problema do discernimento, isto é, o problema de discernir o que é o quê, o que está atuando, o que está agindo. Você tem razão no sentido de que as minhas coisas entram. Entram mesmo. Pode ser sob a forma de perturbação, algo meu que está me atrapalhando. Mas há outras formas de perturbação como as que já mencionei; se você estiver fixado com uma idéia, não há nada de pessoal perturbando, mas o conceito teórico pode funcionar como uma perturbação, ou como uma interferência entre você e o cliente. Além disso, sem dúvida, trago outras coisas, porque a verdade é que eu não estou só aqui e de fato trago para cá coisas que eu sei, que eu vivi, não só teoricamente, mas como experiência de vida, como conhecimentos que tenho aqui dentro... Mas eu falo idealmente, como uma busca, o que é estar em processo de terapia, num momento em que as coisas podem estar acontecendo de forma terapêutica. Quando estou atento, disponível para o que está se passando diante de mim, essa é uma condição de poder ajudar o cliente, esclarecer alguma coisa, fazendo com que a pessoa entre em contato consigo mesma. Outro ponto, e isto também é um pressuposto teórico: só posso devolver ao cliente, só posso participar do processo dele se estiver atento ao modo pelo qual aquelas coisas estão me chegando, o que me mobiliza, seja na linha de sentimentos, de fantasias, seja na linha de conceitos teóricos, seja como proximidade ou distanciamento. Essa colocação não escapa do problema que você levantou e que é, fundamentalmente, a questão do discernimento, de saber em que medida o que está atuando em mim é alguma coisa pertinente à minha relação com o cliente, ou do cliente, e quando é algum fator meu de perturbação.

Ieda: Eu diria que você está muito atento à sua contratransferência...

Paulo: Estou mesmo...

Ieda: Paulo, ouvindo você falar e fazendo um pouco de gozação, eu diria que você é um pouco o terapeuta de si próprio, em certo sentido... Pela atenção que dá ao que está acontecendo com você, tentando discriminar o que o terapeuta faz com o seu paciente, não é? Discrimina para ele as coisas... Então me dá a impressão de que você coloca as suas necessidades também aí. Como é que você discrimina isso? Você entra na situação terapêutica com coisas suas, você dá muita atenção a elas, e quase na mesma medida em que a dá ao seu paciente você entra tanto quanto ele, então quem é o paciente?

Paulo: Primeiro reparo, Ieda, não é exatamente no mesmo grau. Normalmente, o que acontece é que eu mantenho algum contato com isto. Mas eu me detenho mais sobre as minhas coisas, eu paro sobre elas, no momento em que, de alguma maneira, a coisa se rompeu – alguma coisa não está funcionando direito, eu não estou entendendo, ou estou diante de uma situação mais enroscada – e imagino que possa estar havendo um limite qualquer, imposto, digamos, pela minha possibilidade de compreensão. Então eu paro para olhar como é que eu estou na situação, o que está acontecendo, revendo um pouco a minha presença, a minha atitude, alguma coisa minha.

Ieda: Então você faz isso esporadicamente?

Paulo: Neste nível, esporadicamente. Mas, em outro nível, posso dizer que tenho contato, não é uma coisa detida, não é uma coisa em que eu me observe ou que eu fique me cercando, mas mantenho alguma consciência de como estou. Esta é uma presença constante, a maneira como estou, porque só a partir disso posso saber o que está se passando à minha frente. Voltando ao nível anterior de sua pergunta, acho que você tem razão, Ieda, ao perguntar quem é o terapeuta e quem é o cliente. Porque eu sei que, nesse processo, de fato eu aprendi. Digo mais, tive de aprender a lidar com as minhas coisas para poder ser terapeuta e sei que parte do meu amadurecimento como pessoa parte da terapia que eu fiz foi com os clientes, ocorreu dentro da sessão.

Ieda: Acho que isso é um trabalho para a vida inteira, a gente muda muito, mas o que eu estava perguntando era no sentido de que você gasta demasiada energia na atenção a si próprio, ou tanta energia quanto a que você dá ao seu cliente. Dá a impressão de que os dois são pacientes do mesmo terapeuta. A pergunta que se segue e que você precisa me explicar melhor é de que modo faz essa discriminação, prestando atenção ao paciente e prestando atenção a você.

Paulo: De novo, Ieda, tenho de fazer um reparo. Embora a consciência de mim esteja muito presente, ela não é nem incômoda nem persecutória. Nunca devo perder a orientação, pois o que tenho de manter em vista é o que estou fazendo ali e o que estou fazendo é sempre em função do cliente. A centralidade, a direção, a orientação, o sentido final estão voltados para a pesquisa da problemática do paciente. Só assim funcionará como uma terapia para ele.

Ieda: Acho que, no fundo, o que está chamando minha atenção é que, quando você me entrevistou, eu falei em conter as minhas coisas, e isso está mexendo comigo, porque essa sua atitude de auto-observação permanente, que você justifica afirmando que assim será mais terapeuta para o seu cliente, para mim parece algo um pouco perigoso, na medida em que é muito envolvente. Você pode envolver-se com seu próprio estado, embora tenha afirmado ainda agora que é preciso ter em mira a função desse envolvimento consigo próprio. Isso me parece uma coisa ideal, teórica, mas na realidade, se eu começar a prestar muita atenção ao que está acontecendo comigo, acabo me envolvendo em meus próprios problemas. É nesse sentido que, em minha entrevista, falei em conter-me. Sei que com o correr dos anos essa contenção fica muito fácil, a não ser que se esteja vivenciando internamente coisas muito fortes. Mas a atitude que eu assumiria realmente seria a de conter-me para poder estar disponível.

Paulo: Muito bem, Ieda. Acho que tudo isto é muito pertinente para a nossa finalidade, porque nos dá a oportunidade de esclarecer coisas importantes. Em primeiro lugar, eu diria genericamente que poderia ocorrer um envolvimento excessivo com as minhas coisas, perdendo de vista os problemas do meu cliente, se tivesse sido mobilizada alguma coisa não resolvida em mim. Este é um primeiro nível de resposta. Quando ocorre a possibilidade a que você se referiu (não me lembro de nada recente, mas sei que já aconteceu muitas vezes), de fato posso ser tomado, porque os problemas do cliente suscitaram em mim coisas não resolvidas. Então houve uma perturbação da situação terapêutica e conseqüente prejuízo do esclarecimento das coisas do cliente. Mas ainda dentro deste nível, respondendo à sua observação, eu diria que também "contendo", tal como você sugere, isso acontece, ou seja, suponha que o que você tem de "conter" em você seja um assunto não resolvido, quente e que foi muito ativado. Isto também representará, como no primeiro caso, um fator de perturbação. Outro exemplo: de repente você sente certa irritação com um cliente. Ele repete sempre que as pessoas são hostis, não compreensivas, exigentes em relação a ele. Se você prestar atenção em sua própria irritação e procurar saber o que, no cliente, um semitom, um olhar, uma atitude, produziu sua irritação, isto pode ajudar a esclarecer como o cliente cria em torno de si este clima de animosidade e intolerância. É claro que não adianta você exteriorizar sua irritação, ou simplesmente reagir. Embora isto às vezes possa ser útil, ou inclusive, em alguns casos, o único meio possível de estabelecer contato com o cliente. Mas eu dizia, em muitos casos isto não ajuda. E, de qualquer forma, não basta, pois é necessário que se trabalhe com a situação, que você saiba apontar o que, no cliente, produz sua animosidade. Isto pode estar muito encoberto, ser algo sutil. O cliente pode ter dificuldade de se aperceber do que estava fazendo. Ele pode afirmar que sua intenção era outra, que estava apenas tentando dizer o que pensa, ser ele mesmo, ou qualquer outra coisa. Mas se a irritação do terapeuta for pertinente, se ele tiver sido capaz de perceber o que a produziu e verbalizar isto numa linguagem próxima à do cliente sem perder contato com ele, e isto neste momento é fundamental, então o terapeuta tem as melhores chances de fazer com que o cliente se aperceba de um estado próprio que ele absolutamente desconhecia, como origem da animosidade que ele vive em seu ambiente. Se isto ocorrer algumas vezes e vocês tiverem sorte, o cliente, não só será capaz de perceber a presença desse estado em si próprio, quando isso ocorrer, como estará apto para reintegrar a projeção da hostilidade.

Suponhamos, de outro modo, que o terapeuta não tenha sentido irritação e por se manter "neutro", "isento", "objetivo", provavelmente por vias racionais, detectou o problema da projeção de hostilidade. E fez uma interpretação "objetiva" do que se passa com o cliente. O terapeuta então lhe diz: "Você sente muita raiva das pessoas e as acha muito hostis e exigentes; talvez as pessoas sintam a sua raiva e por isso se tornam hostis". Se o cliente estiver trabalhando com a função pensamento, é provável que entenda o que você disse e, se ambos estiverem numa atmosfera de boa vontade recíproca nesse momento, é provável que ele pare e reflita e isso pode ser útil. Assim, ele começa a lidar com a projeção. Mas – continuando a utilizar os termos junguianos – se a função mobilizada for o sentimento, a menos que você demonstre que está sintonizado com o sentimento dele, dificilmente ele compreenderá o que você disse, apesar da boa vontade existente. Suponhamos que você sentiu irritação com o cliente e a conteve. Na melhor das hipóteses, perdeu uma dica importante, segundo o meu ponto de vista. Na pior, as coisas poderão se complicar, pois você poderá perdê-la de vista. Eventualmente, poderá acabar interpretando como resistência do cliente as dificuldades que ele tem em entender você. O que pode gerar nele irritação dirigida contra você. E você interpretará isso como sendo transferência, no que estará certa, mas apenas em parte, porque não se esqueça de que houve irritação de sua parte, e você estava diante de uma pessoa suscetível, isto é, uma pessoa que desenvolveu hipersensibilidade para captar hostilidade. Da mesma maneira, o cliente pode achá-la não compreensiva e exigente, no que terá parcialmente razão, pois não houve compreensão entre vocês e a situação exigiu mais dele do que era capaz naquele momento. Eu apenas não parto do princípio de que a minha irritação é necessariamente contratransferencial e, portanto, sintoma meu. Presto atenção nela, para tentar compreendê-la. E para isto preciso de discernimento como qualquer outro terapeuta. Para saber se ela é pertinente à situação, ao presente, ou se é sintoma meu, provindo de um passado não resolvido. De qualquer forma, procuro não perdê-la de vista.

Quero agora retomar um ponto que ficou para trás, ou que possa surgir pela frente. Tendo falado do presente e do passado e tendo afirmado que pode ser esclarecedor para o cliente ele localizar sua hostilidade presente, quero acrescentar que este fato em si pode resolver a questão. Não acredito que seja sempre necessário remontar às origens. Preocupações etiológicas interessam ao patologista e não necessariamente ao clínico. Não sei até onde é necessário voltar. Não tenho qualquer *a priori* a esse respeito. Freqüentemente é necessário voltar, e é fora de dúvida que a "reintegração de posse" da própria história é uma aquisição fundamental para a integração da identidade e de grande valia como orientação para desenvolvimentos futuros da personalidade. Nesse sentido, trabalha-se com o passado em nome do futuro, não apenas para eliminar sintomas, como também para obter inspirações e orientação para desenvolvimentos futuros.

Ieda: Paulo, este trabalho representa contato com seres humanos, com suas tristezas, problemas, angústias e alegrias também. Enfim, é um trabalho no qual as emoções estão, permanentemente, em primeiro plano. Então, gostaria de saber como é esse contato diário com as emoções dos outros e com as próprias, principalmente do modo pelo qual você trabalha, em que tudo parece tão vivo, gostaria de saber quais são as preocupações básicas no seu trabalho; que tipo de angústia esse tipo de trabalho desperta em você, que modalidades de alegria... Deve ser uma alegria muito específica e uma angústia diferente... Afinal, gostaria de saber o que esse trabalho suscita em você, em termos de emoção e preocupação básicas.

Paulo: Atualmente, Ieda, não me sinto angustiado, não há um motivo específico que me angustie... Sinto momentos de angústia, momentos de dúvida, provocados por situações do seguinte tipo: às vezes me deparo com processos muito longos e demorados, quando, ao atender um paciente por longo tempo, de repente constato que se caiu numa fase estacionária. Tenho um cliente, por exemplo, que está comigo há vários anos e a impressão que tenho é de que há mais ou menos dois anos nada evolui, não vejo nada de novo acontecendo, formulo para mim mesmo caminhos a percorrer e tudo continua parado. Isso, por exemplo, me angustia.

Ieda: Um paciente que não desperta?

Paulo: Exatamente. Isso me angustia, me coloca muito dentro de meus próprios limites, das limitações da situação de terapia, uma sensação de impotência. Neste caso, por vários momentos, pensei em reencaminhar o cliente, ou em suspender temporariamente a terapia, para que ele viva um pouco por si mesmo e depois retome o processo comigo ou recomece com outro terapeuta. Porque me angustia passar um longo tempo sem que nada seja resolvido, sem que os problemas se movam de alguma maneira. Outros são trabalhados, a vida vai acontecendo, há gratificações, mas permanece aquela zona estancada, que não foi tocada e, imagino, deveria ser movimentada.

Ieda: Você tocou num ponto interessante. Já disse que uma das fontes de angústia do terapeuta é a sua impotência, o fato de existirem limites ao seu trabalho. Isso cria certa angústia. Não é tanto a angústia do paciente que você sofre, embora esta também possa existir, mas é uma angústia específica do nosso trabalho. Seria o sentimento de limitação e impotência? Você acha que isso é uma forma de angústia?

Paulo: Sem dúvida nenhuma.

Ieda: Eu sinto a mesma coisa.

Paulo: Está bem formulado, Ieda, é exatamente isso. O que me angustia não é a angústia do cliente, posso sintonizar com ela, entrar em empatia, angustiar-me um pouco e depois livrar-me dela. Não é isto. A angústia fundamental no tipo de situação a que eu estava me referindo é um processo meu, que não devo projetar no cliente. Sou eu que suponho que há algo parado que deveria movimentar-se, mas, para ser o mais parcimonioso possível, tenho de reconhecer que nem mesmo sei se isso deveria movimentar-se.

Ieda: É nisso que eu estava pensando... Talvez esse paciente devesse permanecer aí, por ser o máximo que poderia caminhar.

Paulo: Eu não sei se é um dado da vida dele desenvolver-se mais. Quanto à minha angústia, à minha impotência, só realmente reencontro tranqüilidade no momento em que tenho a humildade de dizer: "Eu não sei". Eu não sei o que está acontecendo e também não sei o que deve acontecer. O reencontro da tranqüilidade, já disse, está no ato de reconhecer o meu limite diante do paciente e poder ficar com isso.

Ieda: É essa aceitação do limite do terapeuta diante do paciente e poder ficar com isso que é difícil.

Paulo: Exatamente.

Ieda: Há todo um universo para se falar, não é? Mas tenho uma última pergunta para lhe fazer, Paulo. Queria saber o que todas as suas vivências como terapeuta, durante todos esses anos de trabalho, representaram como influência na sua vida. De que forma isso atingiu sua personalidade, se você sente que houve mudanças, tanto no sentido positivo como negativo. Humanamente, o que a profissão fez de você? Quanto a mim, acho que toda profissão tem uma influência sobre a vida da pessoa, e de modo especial a nossa profissão.

Paulo: Eu já comentei com você, a propósito de uma pergunta anterior, que constatei o fato de ter sido obrigado a amadurecer, a resolver problemas meus para poder ser terapeuta, e que parte disso ocorreu, inclusive, não dentro da minha terapia, mas dentro das sessões com o cliente. Acho que isso não é específico de nossa profissão; veja, Ieda, em qualquer outra profissão ocorre o mesmo fato:

é preciso que a pessoa amadureça, porque ela vai encontrar-se consigo mesma, com seus limites, com as suas dificuldades, com situações que solicitarão o seu amadurecimento pessoal, o desenvolvimento de determinados aspectos, traços e qualidades. Caso contrário, a pessoa não "atravessa", não faz, não realiza.

No nosso trabalho, o que há de específico é que estamos lidando fundamentalmente, diretamente, com o ser humano, com a pessoa. Então, as qualidades pessoais ou as qualidades presentes na relação inter-humana têm de ser muito trabalhadas. Agora, em relação à minha profissão e suas influências na minha personalidade, o que aconteceu é que a escolhi pelo fato de interessar-me especialmente pela relação inter-humana; a discriminação, a diferenciação entre o que sou e o que o outro é, a possibilidade do entendimento e da compreensão; não uma compreensão genérica do que sejam os problemas humanos, coisa da nossa formação básica, mas sim uma disponibilidade e compreensão específica da situação e da pessoa com a qual nos confrontamos. Isto, para mim, é de grande valor, algo que me mantém, que me acrescenta e me realiza. Um desejo profundo de compreensão dos processos pessoais e interpessoais.

Nota final

Na feitura deste livro, por várias vezes esbarramos na questão da intimidade. O que significa que, ao menos um pouco, estivemos percorrendo o caminho que desejávamos ao conceber este trabalho. Desde a concepção, nossas preocupações estiveram permeadas pela questão delicada da exposição de intimidades. O que conseguimos resulta, acreditamos, de que nos foi possível ser cuidadosos e adequados ao lidarmos com a questão.

A escolha dos entrevistados e de quem seria o entrevistador (Ieda ou eu) pode ser vista (*a posteriori*) como tendo sido orientada intuitivamente e por considerações que, no fundo, refletem imposições da própria natureza do que desejávamos obter. Lembro-me de nosso primeiro encontro para planejarmos este livro. Ao elaborarmos a lista dos entrevistados, seguimos alguns critérios. Nossos colaboradores deveriam ter ultrapassado a fase inicial de formação profissional, em que mais agudamente se está desejoso de acertar e impossibilitado de errar. Ainda que não exclusivamente, este livro tem sua origem em termos, Ieda e eu, trabalhado juntos como professores de futuros terapeutas. E, sem dúvida, um de nossos leitores preferidos é o terapeuta em formação. Possa ele, na leitura deste livro, perceber que suas preocupações têm sentido, comportam soluções trazidas pelo amadurecimento e são questões que permanecem companheiras em nossa atuação profissional.

Nossos entrevistados deveriam ser pessoas com quem pudéssemos estabelecer um clima de intimidade. E cuja intimidade profissional desejávamos de fato conhecer melhor. Lembro-me de termos saído desta primeira reunião animados e contentes com a possibilidade que este trabalho nos abria de podermos conversar com quem desejávamos e sobre o que queríamos. Podemos imaginar que ao fazermos o convite a cada entrevistado estávamos suscitando um desejo e uma preocupação. Semelhante processo se passava conosco. Desejávamos. Seríamos capazes? Intimidade se conquista. Se se deseja e se é capaz de respeitar os seus limites. Algumas pessoas convidadas declinaram do convite. Não deixaram de fazer parte da realização deste livro. Como representantes talvez da intimidade que não pode ou não deve ser exposta em determinado momento deste ou daquele modo, perante tal ou qual alteridade.

As entrevistas foram gravadas, retiradas do gravador e em seguida devolvidas aos entrevistados para que fossem corrigidas, alteradas, acrescidas ou suprimidas em qualquer parte em que isto fosse desejado, para garantir a possibilidade de não ir a público o que quer que fosse contrário ao desejo do entrevistado. Supomos que isto tenha sido importante na ampliação do espaço constituído durante as entrevistas.

Entrevistamo-nos mutuamente antes de fazer as outras entrevistas. Isto nos possibilitou clarear o que é que estávamos desejando com as entrevistas e criou um campo específico de identidade entre mim e Ieda, além de nos colocar na posição de entrevistados. Inicialmente, não sabíamos se nossas entrevistas iriam ou não fazer parte do livro. A sua inclusão foi decidida assim que ficaram prontas. Estávamos satisfeitos com elas e nos sentíamos capazes de realizar o que desejávamos. Fazem efetivamente parte da concepção e gestação deste trabalho.

Pudemos acompanhar o processo de reelaboração das entrevistas. Alguns dos entrevistados mantiveram quase intacto o que saiu do gravador. Outros sentiram necessidade de modificar e trabalhar mais o depoimento original. Sentimos preocupação com o fato de estarmos expondo nossa imagem profissional. Ouvimos preocupações semelhantes de alguns entrevistados. Com a entrevista de Ieda especificamente, ocorreu um fato digno de menção. Como se encontrasse num momento exatamente delicado durante a entrevista, seu depoimento expõe com uma fidelidade aguda momentos importantes por que passam todos os que trabalham como terapeutas. Ieda mostrou sua entrevista a várias pessoas. Algumas foram da opinião de que ela não deveria se expor tanto. Sua entrevista foi mantida intacta, tal como a de outros entrevistados.

Chegamos a ouvir de mais de uma pessoa se este livro não poderia ter efeitos nocivos, tal como desautorizar a figura do terapeuta. Ou mesmo servir para que principiantes descuidassem de sua formação profissional e se sentissem justificados nas suas dificuldades com os clientes, uma vez que isto ocorre com terapeutas mais experientes.

Decididamente nosso tema é a intimidade. Como nos fala um amigo comum, íntimo das palavras: "Não é interessante a proximidade formal e etimológica entre intimidade e intimidar?"

Paulo Barros

Os organizadores

Paulo Barros é psicólogo, escritor, professor, conferencista e pesquisador internauta. Exerce a profissão de psicoterapeuta há trinta anos. É formado pela Pontifícia Universidade Católica de São Paulo e foi professor na mesma universidade durante dez anos. Tem formação inicial em orientação junguiana e formação complementar em Gestalt-terapia. Fez estágios de especialização em Gestal-terapia nos Estados Unidos com John O. Stevens, Barry Stevens e outros. Foi um dos introdutores da Gestal-terapia no Brasil, sendo diretor, durante dez anos, da coleção Novas Buscas em Psicoterapia (Summus Editorial). Participou dos Encontros Nacionais de Gestalt-terapia com publicações em literatura especializada. É autor de *Narciso, a bruxa, o terapeuta elefante e outras histórias psi*, publicado pela Summus Editorial, e tem trabalhos publicados na internet.

Ieda Porchat é psicanalista individual e de casal. Mestre em Psicologia Social pela Pontifícia Universidade Católica de São Paulo, deu aulas na PUC-SP, na Organização Mogiana de Educação e Cultura (Omec) e no Instituto Sedes Sapientiae. Ex-estagiária da Clínica Tavistock, de Londres, é autora de *O que é psicoterapia* (Brasiliense); organizadora e co-autora de *Amor, casamento, separação – A falência de um mito* (Brasiliense); e co-autora de *Psicoterapia de casal* (Casa do Psicólogo).